# 천억을 벌어본 사람의 이야기

근검절약에서 시작되는 부의 축적
# 천억을 벌어본 사람의 이야기

**초판 1쇄 인쇄** 2024년 09월 26일
**초판 1쇄 발행** 2024년 10월 10일

| | |
|---|---|
| **신고번호** | 제313-2010-376호 |
| **등록번호** | 105-91-58839 |
| **지은이** | 조병원 |
| **발행처** | 보민출판사 |
| **발행인** | 김국환 |
| **기획** | 김선희 |
| **편집** | 조예슬 |
| **디자인** | 다인디자인 |
| **ISBN** | 979-11-6957-225-5    03190 |
| **주소** | 경기도 파주시 해올로 11, 우미린더퍼스트@ 상가 2동 109호 |
| **전화** | 070-8615-7449 |
| **사이트** | www.bominbook.com |

- 가격은 뒤표지에 있으며, 파본은 구입하신 서점에서 교환해드립니다.
- 이 책은 저작권법에 의하여 보호를 받는 저작물이므로 무단 전재와 복사를 금합니다.

근검절약에서 시작되는 부의 축적

# 천억을 벌어본 사람의 이야기

조병원 지음

젊어서 고생을 사서라도 하고,
최선을 다해 노력하라.
그렇게 해서 얻은 돈을 신중히 투자하고
욕심을 버려라!

추천사

　사람들은 누구나 성공하기를 바란다. 그래서인지 '성공한 사업가'는 사람들이 가장 많이 꿈꾸는 목표인지도 모른다. 하지만 어느 분야가 되었든 그만큼 경쟁이 치열하고 사업에 성공하기란 무척 어렵다. 대부분의 사람들이 사업 실패의 쓴맛을 보고 힘든 나날을 보내기도 하는데, 그렇게 되지 않으려면 철저한 준비와 함께 이미 그 과정을 지나온 성공한 인물의 경험담과 조언도 반드시 필요하다는 점이다.

　어떤 사람들은 사업에 성공하기 위해서는 좀 특별한 능력이 있거나 운이 좋아서 그 사람이 돈을 많이 벌었다고 생각하겠지만 그것은 전혀 사실이 아니다. 이 책을 읽게 된다면 성공하기 위해서는 얼마만큼의 노력이 필요한지를 알 수 있을 것이다. 저자의 고난과 역경, 그리고 이를 극복하기 위한 아이디어 연구와 절약, 인내의 과정을 지켜보면서 누구나 할 수 있지만 참 독해야 성공할 수 있다는 것을 깨닫게 될 것이다. 사람들은 흔히 '모든 일은 마음먹기에 달렸다'라고 말하면서도, 정작 고난과 역경이 닥치면 '내가 해낼 수 없는 일'이라며 단념하고 만다. 이러한 독자들에게 마음을 바꾸고 꾸준히 실천해 나간다면 분명 여러분 또한 성공할 수 있다고 저자는 말하고 있다.

심지어 수많은 종업원의 미래를 책임진 리더들조차 어떤 일을 시작하기도 전에 '할 수 있는 일'과 '할 수 없는 일'을 나눠놓고 접근한다. 어떤 재난이든 그것을 끌어당기는 마음이 있기 때문에 일어난다. 마음이 부르지 않는 일은 그 어떤 일도 일어나지 않는다. 현실이 사람의 마음과 태도를 만드는 것이 아니라 마음이 현실을 만들고 움직여 나가는 것이다.

이 책에는, 내일이 두렵고 오늘이 불안한 한국의 무수한 리더들이 경험했을 법한 초조함과 성공에 대한 갈증이 고스란히 담겨있다. 사업을 시작할 당시의 패기와는 달리 여전히 깜깜한 터널 속에 갇혀 출구가 보이지 않는 창업가라면, 위로는 상사의 압박과 아래로는 팀원들과의 소통 문제로 자신의 능력이 한없이 부족하다고 자책하는 중간관리자라면, 직원들에게 일과 사업의 비전을 제시할 수 없어 고민이 깊은 CEO라면, 마음의 힘만으로 세상에 우뚝 선 저자의 살아있는 경험담으로 부(富)의 길로 가는 지침서가 될 것이다.

2024년 9월<br>
편집장 **김선희**

**머리말**

사랑하는 독자 여러분께,

이 책을 마음속에 품고 구상한 지 벌써 몇 년이 흘렀습니다. 그동안 서랍 속에 묻어두고 틈틈이 몇 자 적어가며 과연 내가 이런 글을 써서 누가 읽을까? 혹은 누군가가 보고 욕이나 하지 않을까? 하는 망설임이 있었습니다. 그럼에도 불구하고 용기를 내어봅니다. 이 글은 제가 직접 경험하고 실천한 솔직 담백한 이야기들로, 거짓 없이 진실만을 담았습니다. 무뚝뚝하고 감칠맛이 없는 글이 될지도 모르겠습니다. 이 책을 통해 여러분께 전하고 싶은 메시지는, 삶을 살아가면서 겪는 고난과 배고픔, 절약의 중요성입니다. 이러한 경험들은 항상 제 머릿속과 마음속에 자리 잡고 있습니다.

흔히들 '과거를 묻지도 말고 따지지도 말라'고 하지만, 저는 과거를 잊어버리면 또다시 같은 실수를 반복할 수 있다고 생각합니다. 우리나라가 일본에게 국권을 빼앗겼던 역사적 사건들을 과거라 치부하고 잊어버리면, 외세에 또다시 당할 위험이 있다고 믿습니다. '늙어서 과거를 생각하며 젊어서 고생한 것을 잘했다고 여긴다'는 말처럼, 젊은 시절의 고생은 후에 돌아보면 그 의미가 더욱 크게 다가옵니다. 저는 어려운 일이 닥칠 때마다 군대에서 고생하던 시절을 떠올리곤 합니다. 그러면 지금의 고난이 아무것도 아닌 것처럼 느껴지며, 이겨낼 수 있는 힘이 생깁니다.

현재 70이 넘은 나이에도, 아내가 차려주는 밥상을 보면 절로 웃음이 나옵니다. 하얀 쌀밥 한 그릇에 농부의 수고가 얼마나 많이 담겨 있는지 생각하며, 저는 결혼생활 47년 동안 단 한 번도 반찬 투정을 해본 적이 없습니다. 배가 고프면 반찬 투정할 필요가 없지요. 시장이 반찬이라는 옛말이 참으로 맞다는 생각이 듭니다. 밥맛이 없다면 한 끼 굶어보세요. 그러면 고추장 한 숟가락도 꿀맛처럼 느껴질 것입니다.

제 삶의 철학은 불가능이란 없다는 것입니다. 머릿속에 하면 된다는 확신과 함께 무에서 유를 창조하고, 안 되면 되게 하라는 도전정신이 뿌리 깊게 자리 잡고 있습니다. 하지만 제 아들은 가끔 핑계를 댑니다. 이건 이래서 안 되고, 저건 저래서 안 된다고 말이죠. 저는 그럴 때마다 인간은 어떤 환경에서도 적응할 수 있다는 것을 말해줍니다. 예를 들어, 턱걸이를 할 때 20번을 하고 나면 마지막 한 번이 어려울 수 있지만, 누군가 뒤에서 밀어주면 그 한 번도 해낼 수 있습니다. 경험은 최고의 스승입니다.

이 책을 끝까지 정독하고 실천한다면, 누구라도 부자가 될 수 있을 것입니다. 세상에 저처럼 고난을 겪고 산 사람은 많지 않을지 모르지만, 5천만 인구 중 10%라도 이 책을 읽고 제 삶에서 배운 교훈을 실천하신다면, 여러분 또한 저처럼 성공하리라 확신합니다. 꼭 실천해보시기를 바랍니다.

저는 어릴 적부터 배를 곯아봤고, 지금도 절약이 몸에 배어 있습니다. 카네기 철강왕의 말처럼, 자본가가 된 지금도 절약을 잊지 않고 있습니다. 카네기의 유명한 일화가 있죠? 뉴욕 출장 중에 카네기 회장 아들은 스위트룸을 예약했지만, 카네기는 보통 방을 요청했습니다. 그러자 호텔 지배인이 묻죠.

"아드님은 스위트를 예약하셨으니 회장님은 더 좋은 룸으로 가시지 왜 일반 룸을 요청하시나요?"

카네기는 대답합니다.

"아들은 부모가 부자가 스위트룸을 갈 수 있지만 제 부모는 부자가 아닙니다."

저 역시 검소하게 생활하는 것이 몸에 배어 있습니다. 뉴질랜드에 돌아갈 때 와이프는 비즈니스석을 타고 오라고 하지만, 저는 그것이 쉽게 되지 않습니다. 과거의 고생을 떠올리며 지금도 절약하는 삶을 살고자 합니다.

뉴질랜드에서 워킹홀리데이나 관광비자로 왔다가 불법 체류하는 분들이 많습니다. 저는 그들을 보며 옛날 생각이 납니다. 한국에서 일자리가 없어서 기술을 배우고 굶어가며 일할 수만 있다면 좋겠다고 생각하던 시절을 말입니다. 지금 뉴질랜드는 일자리가 넘쳐납니다. 돈을 벌고자 한다면 얼마든지 종잣돈을 마련할 수 있습니다. 5년만 고생하며 종잣돈을 만들면, 한국에 돌아가 자영업을 시작할 수 있을 것입니다. 하지만 요즘 젊은이들은 그런 생각조차 하지 않을 것입니다. 종잣돈보다 현재의 즐거움이 더 중요하니까요.

그러나 이 책을 읽고 천억을 꿈꾸신다면 그 즐거움은 잊으셔야 합니다. 과거에 제가 겪었던 고생과 절약의 경험이 오늘날의 저를 천억의 자산가로 만들었듯이, 누구나 도전과 인내를 통해 성장할 수 있다고 믿습니다. 이 책을 통해 제 이야기가 여러분에게 부의 길로 가는 지침서가 되기를 바랍니다. 삶은 끊임없는 도전의 연속입니다. 때로는 고난이 닥치고 억울함을 느낄 때도 있겠지만, 그 모든 경험이 우리를 더 강하게 만듭니다. 여러분이 이 책을 읽고 나서 삶의 어느 순간에도 '불가능은 없다'라는 마음가짐으로 도전하며 살아가시기를 기대합니다. 제 이야기가 여러분의 여정에 작은 등불이 되기를 바랍니다. 감사합니다.

2024년 9월

**조 병 원**

- 추천사 _ 4
- 머리말 _ 6

 **제1장 천억을 향한 첫걸음, 끊임없이 배워라**

- 천억의 사나이 _ 16
- 열여섯, 전쟁 같은 세상이 가르쳐준 것들 _ 18
- 엿장수가 된 아이 _ 22
- 염전에서 맛본 지옥, 그곳을 탈출하다 _ 27
- 엔진소리 속의 희망 _ 31
- 귀신이 아니라 나를 잡는 해병대, 그 혹독했던 군생활 _ 41

 **제2장 천억을 향한 도약, 불가능을 가능으로**

- 억만장자의 길, 도전 없는 성공은 없다 _ 52
- 장사의 기술 _ 59

- 가난한 총각, 부잣집 시골 처녀 _ 62
- 철없는 나, 가정을 꾸리다 _ 65
- 세상은 기회로 가득 차 있다 _ 67
- 아내의 눈물이 나를 성장시키다 _ 71
- 첫아이, 나의 아픈 손가락 _ 77
- 위기는 또 다른 기회 _ 83
- 가난과 무식이 무서운 이유 _ 89
- 사업의 시작과 함께 펼쳐진 나의 날개 _ 93
- 간수보다 더 짠 남자 _ 99

## 제3장 포기하지 않는 도전과 투자, 천억으로 돌아오다

- 티끌이 태산이 될 때까지 _ 106
- 아버지의 소원을 이루다 _ 110
- 시장의 흐름 속엔 언제나 기회가 있다 _ 114
- 상품의 가치를 높여라 _ 120
- 상권의 특징을 파악하고 과감히 들어가라 _ 124
- 잘 되는 가게에 미련을 버려라 _ 127
- 두드려라, 그러면 열릴 것이다 _ 131
- 안 되면 되게 하라 _ 135
- 한 번 해병은 영원한 해병 _ 140
- 첫 삽의 어려움과 첫 건물의 성공 _ 145
- 무에서 유를 창조하다 _ 151

- 구불텅 구불텅 도로의 전설 _ 157
- 월세로 한 달에 1억씩 버는 코너 각지 _ 162
- 천억의 사나이가 되다 _ 169

## 제4장 지금 와서 돌아본 나의 70년

- 주식의 늪에서 발버둥치다 _ 174
- 욕심은 투자의 적이다 _ 178
- 세법을 공부하라 _ 181
- 처음은 미약하나 끝은 창대하리라 _ 185
- 가족은 최고의 비즈니스 파트너이다 _ 187
- 뉴질랜드에서 또 다른 삶을 배우다 _ 190
- 새로운 나의 인생 2막 _ 194

- 아내에게 보내는 편지 _ 197

## 제1장

# 천억을 향한 첫걸음,
# 끊임없이 배워라

...

"살아가면서 배우고, 죽을 때까지 배움을 멈추지 마라."
마하트마 간디

# 천억의 사나이

1,000억! 천억이라는 돈을 상상해보라!

10대부터 세상에 맨몸으로 뛰어든 나는 악착같이 살며 천억을 벌었다. 누구라도 이런 말을 들으면 재벌 총수의 자녀도 아닌, 가난에 힘겹게 살던 사람이 천억이란 돈을 번다는 것 그게 가능할까? 라는 의심이 먼저 들 것이다. 나는 나의 경험을 통해 그 불가능할 것 같은 이야기를 나누고자 한다.

돈을 버는 데 필요한 것은 무엇인가? 어떤 노력과 집념, 창조 정신이 필요한가? 내 이야기를 들으면 뻔한 소리라고 비아냥대며 대단한 비법도 아니라고 비웃을 수도 있을 것이다. 모두가 늘 듣고 자랐지만 아무나 실천하기는 어려운 그 뻔한 말. '절약하라!', '도전하라!', 그리고 '끊임없이 배워라!', '안 되면 되게 하라!' 이 흔한 말들을 난 철저하게 믿었고, 실천했다. 그리고 그 말들이 지닌 힘을 1,000억이라는 돈으로 경험했으며, 누구라도 그렇게 산다면

1,000억, 2,000억을 벌 수 있음을 확실하게 안다.

어린 시절 나는 언제나 배가 고파 밤하늘을 바라보며 굶주림을 달래곤 했다. 이 굶주림은 가난이 얼마나 무서운지 알게 했으며, 어린 나에게 돈의 가치를 깨닫게 해주었다. 어렸을 때 그 집 아들로 태어났으면 얼마나 좋을까 생각할 정도로 부러워했던 한 친구. 부유함 속에서 돈 어려운 줄 모르고 자라던 그는 부모님으로부터 상당한 재산을 물려받았지만, 그 풍족함을 유지하지 못하고 술과 마약에 빠져 허무하게 생을 마감했다. 그 친구의 쓰라린 끝은 흐릿한 담배연기처럼 흩어지고, 그의 인생은 술병이 깨지는 소리와 함께 허무하게 끝이 났다. 이 이야기는 돈을 어떻게 관리하고 창조해야 하는지를 일깨워주는 경고의 메시지였다. 이 친구를 보며 '부자 삼대 못 간다'라는 말이 내 가슴속 깊이 새겨지며 훗날 집안이 풍족해져도 절대 안주하지 말라는 교훈으로 다가왔다. 돈을 번다는 것은 바위를 손톱으로 쪼개는 듯한 인내와 끈기가 필요하다. 아무것도 없는 것에서 유를 창조해내는 것, 그것이 진정한 부의 창출이다. 불가능해 보이는 일도 포기하지 않고 되게 만드는 것! 그것이 진정한 성공으로 가는 길이다.

이제부터, 내가 천억을 벌기까지의 여정을 담은 이야기를 펼쳐 나가려 한다. 눈과 귀를 열어 경청하고, 직접 실천해보면서, 돈을 모으는 새로운 생각과 신념을 경험해보기를 바란다.

# 열여섯, 전쟁 같은 세상이 가르쳐준 것들

나의 이야기는 아버지의 고된 삶에서 시작된다. 아버지는 일제강점기와 한국전쟁을 거치며 어려운 시절을 견뎌내야 했다. 국가유공자로 전쟁에서 얻은 후유증과 체력적 한계에 시달리다 결국 폐결핵을 진단받고 국립결핵병원에서 오랜 치료를 받았었다. 수술 후 한쪽 폐가 망가져서 농사일을 할 수 없게 되었고, 그로 인해 우리 가정의 생계는 더욱더 어려워졌다. 어머니는 이웃 동네에서 아버지와 중매로 결혼하여 다섯 명의 자녀를 낳고 키웠지만, 아버지의 지병으로 인해 가사와 농사일을 혼자서 감당해야 했다.

큰형은 가족의 어려운 상황을 타개하기 위해 일찌감치 집을 나서 우체국에서 임시직으로 일하기 시작했다. 처음에는 단순히 우편을 배달하는 일이었지만, 시간이 흘러 우체국이 전화국으로 변하면서 그곳에서 정식 직원으로 승진하고 전기통신공사 과장까지

역임했다. 정년을 맞이할 때까지 큰형은 공부를 계속하며 자신의 위치를 확고히 다졌고, 우리 가족에게는 든든한 버팀목이 되어주었다.

둘째형님 역시 중학교를 졸업하자마자 서울로 상경하여 처음에는 철물점에서 점원으로 일하다가 기술을 배워 버스 조수로 일하기 시작했다. 나중에는 버스 운전사의 경력으로 소방서에 운전기사로 채용되어 성실히 일하였고, 이후에는 파출소장까지 역임했다. 둘째형님도 교육을 많이 받지 못했음에도 불구하고 근면한 성품으로 가족을 위해 헌신하며 살아왔다. 현재는 둘째형수님 또한 치매에 걸리신 어머니를 수년째 극진히 보살펴주시고 계시는데 이 책을 빌어 진심으로 감사드린다.

1953년 2월의 어느 추운 겨울날, 충남 공주에서 멀리 떨어진 산골짜기의 작은 마을에서 나는 태어났다. 그 마을은 공주에서도 한참을 들어가야 나오는 곳으로, 정말 오지 중의 오지였다. 다섯 형제 중 셋째로 태어난 나는, 어린 시절을 가난했지만 자유롭게 뛰놀며 보냈다. 16세의 겨울, 나 역시 형들과 같은 시기인 중학교를 막 졸업하려는 찰나에 삶의 큰 전환점을 맞이하게 된다. 담임선생님의 추천으로 졸업식도 치르지 못한 채 서울로 상경하게 되는데, 서울 청량리의 야채 도매시장에서 일할 기회가 생긴 것이었다. 선생님의 부친이 운영하는 그곳에서 일자리를 얻게 된 것은, 선생님이 내 안에 잠재된 무언가를 보았기 때문일 것이다.

서울의 첫인상은 충격적이었다. 거대한 건물, 끊임없이 쏟아지는 차량들과 사람들의 물결 속에서 시골에서 갓 올라온 나는 온갖 소리와 냄새에 압도당했다. 당시 청량리 도매시장은 우리나라의 가장 큰 시장답게 특히 농산물과 수산물의 거래가 활발했던 장소로, 매일 아침부터 밤늦게까지 상인들의 열띤 호객과 거래가 이어지는 곳이었다. 서울 사람들의 먹거리는 청량리 도매시장과 용산 도매시장 두 군데에서 나갔다고 해도 과언이 아니다. 어린 나의 눈으로 본 열띤 삶의 현장의 모습은 마치 전쟁터처럼 큰 혼란으로 다가왔다. 그래서인지 앞으로 이곳에서 지낼 시간이 두렵고 무섭기도 했다.

거기는 야채 도매시장인데 지방에서 생산한 감자, 고구마, 우우, 배추, 시금치, 봄동, 미나리 등 모든 야채와 뿌리채소를 위탁판매해서 중간도매업자들한테 경매로 입찰해서 팔고 장기를 따서 오후에 수금하는 일이었다. 한마디로 시골에서 올라온 하주들에게 물건을 받아 팔아서 판매대금에서 수수료를 떼고 나머지 금액을 지불해주는 것이다.

새벽 3시에 시작되는 나의 하루는 시골에서 보내던 어떤 날보다 길고 힘겨웠다. 트럭이 도착하면, 냄새와 함께 채소가 가득 담긴 무거운 상자 하역작업이 시작된다. 고구마, 감자, 배추, 시금치 등이 쏟아져 나오고, 그 속에서 땀과 함께 뿜어져 나오는 흙냄새가 한데 섞여 나를 질식시킬 듯했다. 냉큼 손을 움직여 채소를 분류하고 경매준비를 해야 했다. 경매의 암호는 처음엔 낯설고 복잡했다. 주먹을 쥐는 것이 만 원, 손가락 가위 모양은 이만이천 원이었고, 이 암호들을 나는 빨리 습득하려고 부단히 노력했다. 어린 내가 이 전쟁터에서 살아남으려면 필수적으로 알아야만 했던 것이다.

시장통이라는 곳은 말 그대로 '아사리판'이었다. 사람 사는 곳에는 어디든 도둑이 있듯이 그 당시엔 시장 안에 도둑이 엄청 많았다. 딱히 서울에서 지낼 곳도 없던 나는 가게에서 생활했고, 특히 야간에는 도둑을 막기 위해 작은 숙직실에서 불안한 잠을 청해야 했다. 시장은 밤이 되면 더욱 살벌해진다. 술 취한 사람들의 고함들과 담배연기가 자욱한 공기, 여기저기서 벌어지는 도박판의 긴장된 분위기가 어우러져 끊임없이 경계해야 했다. 특히 어렸던 나는 어른들의 온갖 심부름에 시중까지 들어야 하는 고된 나날들이었다. 그렇게 그 몇 달 동안 세수는커녕 제대로 씻을 시간도, 이를 닦을 여유도 없이 나는 매일매일을 견뎌낸 것이다.

이런 환경 속에서도, 나는 사람들 사이의 연대감과 시장 안에서의 생존법을 배웠다. 마치 정글 안에서 어미 없이 살아가는 사자 새끼처럼 본능적으로 살아가는 법과 무엇에도 지지 않고 맞서는 용기를 익힌 듯하다. 그리고 각박한 환경 속에서도 웃음을 잃지 않고 살아가는 어른들의 모습들, 힘든 일을 함께하는 내 또래의 친구들과의 우정은 그 어떤 것보다 소중한 배움이었다. 그곳에서의 경험은 내가 나중에 어떻게 천억을 벌었는지에 대한 이야기의 출발점이다. 이제 그 긴 여정을 돌아보며, 어떻게 그 모든 시련을 극복하고 성공으로 나아갈 수 있었는지 이야기를 풀어나가려 한다.

## 엿장수가 된 아이

청량리 도매시장의 새벽은 언제나 분주했다. 상인들은 새벽 동 트기도 훨씬 전에 가게를 열고 하루를 준비했다. 각종 농산물과 수산물이 트럭에서 쏟아져 나와 시장 골목을 가득 메웠다. 상인들의 외침과 트럭의 엔진소리가 어우러져 시장은 활기로 넘쳤다. 어린 나이에 시장 점원으로 일하면서 느낀 것은 세상은 절대 만만하지 않다는 것이었다. 상인들의 치열한 경쟁 속에서 살아남기 위해서는 성실함과 절약이 필수적이었다. 내가 일하던 가게에서는 야채를 신선하게 유지하여 많이 팔 수 있도록 최선을 다해 노력했고, 손님들과 중개인들의 비위를 맞추면서 친절하게 대해야 했다. 그곳에서 나는 고객 서비스를 배우고 작은 절약의 중요성을 깨닫게 되었다.

그러던 어느 날, 가게 앞에서 우연히 동네 형을 만났다. 형은 청량리588에 있는 고물상에서 일하고 있다고 했다. 시장의 생활이 고되고 외로웠던 나는 형과 함께 생활하며 일을 할 수 있으면 좋겠다고 생각해 혹시나 하고 물어봤는데 형은 내가 원하면 그곳에서 일할 수 있는지 알아봐 주겠다고 했다. 그 당시 청량리588은 집창촌으로 유명했다. 지금은 많이 달라졌지만, 그때는 정말로 무서운 곳이었다.

"병원아, 너는 아직 어려서 그런 곳에 가서 일하면 큰일 난다."

이런 말씀을 하시며 가게 사장님은 내가 그곳에 갈까봐 걱정하셨지만 나의 마음은 이미 콩밭에 가 있는 상태였다. 결국 가게 사장님의 만류에도 불구하고 나는 며칠을 더 일한 후 옷가방을 미리 숨겨놓고 가게를 몰래 나왔다. 청량리역을 지나 제기동 굴다리 밑으로 갔다. 실제로 본 청량리588, 그곳은 정말 무서웠다. 허옇게 분칠한 아가씨들이 여기저기서 남자들을 붙들며 놀아달라고 했고, 나는 겁에 질려 형이 알려준 주소로 서둘러 찾아갔다. 내가 앞으로 일할 그곳은 고물상이었다. 무섭고 낯선 곳에서 고향 형을 만나니 큰 안심이 되고 정말 좋았다. 주인에게 인사를 하고, 형이 안내해준 방으로 갔다. 방은 너무 작았다. 조그만 방에서 20여 명이 담요 하나씩 덮고 자고 있었다. 처음에는 그런 환경이 충격적이었지만, 그래도 형과 함께 있으니 마음이 놓였다.

부푼 꿈을 갖고 이곳으로 왔지만, 이곳 생활은 시장통 가게생활보다 더 열악했다. 20명이 한 방에 다닥다닥 붙어살면 얼마나 많은 일이 생기겠는가? 공짜로 주는 방이 오죽하겠는가? 그래도 형이 말한 엿장수 일은 주인에게 엿을 받아서 팔고 엿값 내고 남는 돈은 내 몫이라기에 열심히 하면 돈을 벌 수 있을 것 같았다.

그 희망으로 나는 그렇게 낯선 서울에서 어린 엿장수가 되었다.

그날 하루를 자고 다음날 아침이 되어 나는 리어카에 엿을 올리고 북을 메고는 엿을 팔러 나가야 했다. 나처럼 돈을 벌러 온 20명 역시 각자 정해진 길을 따라 엿을 팔러 나갔다. 내 구역은 청량리에서 시작해 홍릉, 경희대 앞을 지나 휘경동, 중계동, 묵동, 중화동, 태릉육군사관학교, 서울공대, 월계동, 석관동, 이문동을 돌아오는 코스였다.

하루종일 걷다 보면 다리는 아프고 엿은 팔리지 않았다. 점심을 거르는 일도 다반사였다. 국숫집에서 물국수 한 그릇으로 때우거나 물로 주린 배를 채우는 날이 많았다. 형은 이 일을 3년이나 했다고 한다.

'아니 맨날 북 치고 장구 쳐봐야 엿 사러 나오는 사람들은 고무신 떨어진 거나 쇠붙이 조금이고, 그걸 팔아서 둘이 밥 사먹기도 힘든데 왜 이 고된 일을 3년씩이나 했을까?'

나는 이러한 궁금증이 일었다. 하루하루가 지나가자 나는 이래선 안 되겠다는 생각으로 형에게 물었다.

"형, 우리 이럴 게 아니라 신주와 구리가 비싸서 이득이 더 많은데 그런 물건이 많이 나오는 곳을 찾아가야지 않을까? 그런 데 없어?"

"그런 곳이 왜 없겠어?"

"형, 자동차 고치는 곳이나 부속 파는 곳에 가보자."

그렇게 우리는 정비공장 주변으로 찾아다녔고 정비공장에서 허드렛일하는 꼬마들이 몰래 감춰두었던 고물들을 엿을 많이 주면서 사기 시작했다. 그 이후론 정비공장, 부속가게, 장한평 주변을 돌며 수입이 좋은 날은 하루 일당을 벌기도 했다. 그러던 어느 날은 중랑교 옆에 39번 시내버스 종점이 있어 그냥 지나가려다가 혹시나 하고 들러보니 정비고가 있었다.

"혹시 고물 나오는 거 있으면 파세요. 엿 많이 드릴게요."

그러자 바로 구리철사 피복 안 한 걸 한 자루 내놓고는 엿을 많이 달라는 것이었다. 너무 기분이 좋아 복권에 당첨된 것 같았다. 그때 어린 나는 '장사는 바로 이거다!'라고 생각을 하게 된 것 같다. 형도 기분이 좋은지 내가 어렸을 때 우등상을 받던 이야기와 함께 너는 참 똑똑하다며 칭찬해주었다.

"너는 참 어린놈이 대단하다. 엿장수를 얼마나 했다고 그런 생각을 다 하냐? 똑똑한 놈!"

그때 느꼈던 성취감과 형이 해준 칭찬의 말이 얼마나 큰 위로가 되었는지 모른다. 하지만 그 이후에도 우리는 장사가 잘 안 되어 점심을 거르는 일이 태반이었다. 어쩌다 중랑구 묵동을 지나가다가 배밭을 발견하고는 배가 너무 고파 배를 몰래 서리해 먹던 기억이 지금도 생생하다. 세월이 흘러 어느 날 아내와 드라이브 겸 묵동 배밭 돼지갈빗집에 가게 되었는데 그때 그 배밭은 주택으로 가득 차 있었고, 어디가 어디인지 알 수 없었다. 아마 그 배밭 주인은 엄청난 부자가 되었을 것이다.

엿장수를 해보니 하루에 20km는 걸어야 했다. 돈을 버는 날 보다 못 버는 날이 더 많고 그만큼 굶어야 했다. 생활환경은 너무나도 열악해 숙소에 들어와 다닥다닥 붙어서 잠을 자는데, 이가 얼마나 많은지 옷을 벗어 털면 이가 우수수 떨어지곤 했다.

하루는 중화동 쪽으로 장사를 나갔는데, 구들장을 놓는 집에서 고물을 가져가라 해서 들어갔다. 거기엔 구들장 놓는 어른들이 일하고 있었다. 내 눈에 저 기술을 익히면 지금처럼 떠돌아다니지 않아도 될 것만 같았다.

"아저씨, 이 기술을 배우면 돈을 많이 벌 수 있어요?"

"그럼, 이 기술만 배우면 영원히 먹고 살 수 있지."

아저씨의 대답은 나를 설레게 했다. 영원히 굶지 않고 살 수 있다니 얼마나 대단한 기술인가 말이다. 그때부터 나의 꿈은 기술자가 되는 것이었다.

"아저씨, 저도 일을 배울 수 있을까요?"

"그래, 오늘 당장이라도 해라."

이렇게 나는 길 위에서 여러 삶을 배우며 조금씩 성장해가고 있었다.

# 염전에서 맛본 지옥,
# 그곳을 탈출하다

　그렇게 나는 엿장수를 그만두고 구들장 놓는 일을 배우기로 했다. 그때는 거의 모든 집이 연탄 아궁이로 난방하던 시절이었다. 잠자리를 제공해주고 처음 6개월 동안은 먹여만 준다고 했다. 이후에 일하는 모습을 보고 판단해서 월급을 주겠다는 조건이었다. 그 시절에는 밥이라도 먹여준다고 하니 그것만으로도 좋았다.
　며칠을 해보니 매일 시꺼멓게 거먹짱아지가 되고, 몸에 묻은 숯검댕이는 아무리 닦아도 지워지지 않았다. 같은 일을 하는 형들이 나를 보며 걱정스럽게 말했다.
　"앞으로 기름보일러가 나오면 이 기술은 쓸모없어질 거야."
　나는 기술을 배우려는 꿈에 부풀어 있는데 그 말을 들으니 낙담하게 되고, 내가 지금 헛일을 하는 게 아닌지 내심 걱정이 되기 시작했다. 그러던 중 어느 형이 물었다.
　"병원아, 내 친구가 미아리 고개에서 맥주와 소주를 배달하는

데, 나랑 같이 갈래?"

나는 이번에도 두려움 없이 흔쾌히 길을 따라나섰다.

미아리 고개를 넘어 정릉동으로 가는 길에 도착한 집은 자전거에 맥주와 소주를 실어 미아리 텍사스촌에 있는 술집에 배달하는 일이었다. 처음엔 맥주 두 짝만 실어도 너무 무거워 아직 아이였던 내 작은 몸이 감당하기엔 너무 힘들었다. 당시 맥주 한 짝에는 24병이 들어 있었고, 무게는 35kg이나 나갔다. 두 짝을 싣고 미아리 고개를 넘어갈 때쯤이면 그 무게에 비틀거리며 올라가야 했다. 자전거를 어깨로 밀고 끌며 젖 먹던 힘까지 써야 겨우 올라갈 수 있는 오르막길이었다. 맥주병이 깨지면 봉급에서 공제한다는 말도 있었기에, 넘어지지 않으려고 애를 많이 썼다. 몇 달을 버텨보았지만, 이 일을 하기엔 몸도 마음도 따라주지 않았다.

어느 날 인천 남동 옆에 있는 부수지 염전에서 고향 친구 몇 명이 일하고 있다는 소식이 들렸다. 나는 맥주 배달을 그만두고 수원으로 향했다. 수원에서 수인선 열차를 타고 반월을 지나 고잔리, 정황리, 월곶, 소래포구를 거쳐 남동역에 도착했다. 저녁이 되어 지나가는 사람에게 부수지 염전 가는 길을 물어보니, 그 사람도 거기에 간다고 했다. 그렇게 따라가며 물어물어 가보니, 친구 세 명이 그곳에 있었다. 거기서도 아는 친구들을 보니 정말 놀랐고 기뻐 그날 밤 친구들과 이야기하며 안도의 숨을 쉬었다.

이튿날부터 새벽 일찍 염전 일을 시작했다. 염전에서 일하는 사람들은 거칠고 술도 많이 마셨다. 첫 군기를 잡는다고, 일제강

접기 때 지어놓은 목재창고로 우리를 끌고 갔다. 창고는 엄청나게 컸고, 수도 없이 많은 방이 있었다. 술에 취한 사람들이 들어와서 막 후려치기 시작했다. 몇 십 명이 몰려드니 공포스럽고 폭력에 주눅이 들었다. 친구들은 그곳에 온 지 6개월이 지나 완전히 노예가 되어 있었다.

염전에서의 하루는 이른 새벽부터 시작됐다. 해가 뜨기도 전에 일어나 수레를 돌리고 소금을 끌어모아 지게로 염창까지 날라야 했다. 정말 상상도 못한 힘든 일이었다. 게다가 짠물이 몸에 닿으면 피부가 따끔거리고 쓰라렸다. 소금이 피부에 쓸려 상처가 나고, 염증이 생기기 일쑤였다. 염전에서의 하루는 매우 힘들었다. 소금 바다 염전은 마치 하얀 설원처럼 끝없이 펼쳐져 있었고, 태양이 떠오르면 그 반짝임은 눈을 뜨기 힘들 정도였다. 소금물을 퍼나르는 수레는 무겁고, 바닥은 울퉁불퉁해 수레를 끌 때마다 온몸에 힘이 들어갔다. 발바닥에는 물집이 잡히고, 간수가 스며들어 상처는 쉽게 낫지 않았다. 소금 작업은 끝이 없었다. 소금을 모아 염창에 쌓고 간수를 걸러내는 작업을 반복했다.

노동보다는 술에 취해 돌아와 어린 일꾼들을 무차별적으로 후려치는 어른들의 폭력이 더 견디기 힘들었다. 나는 친구들과 함께 그곳에서 노예처럼 일했다. 상처가 난 곳에 간수가 닿으면 살이 찢어질 듯 아팠다. 우리는 고된 노동과 학대를 견디며 하루하루를 버텨냈다. 염전에서의 일상은 한마디로 지옥이었다. 온종일 소금을 나르고, 밤이 되면 온몸이 쑤셨다. 겨우 잠이 들면 상처가 쑤셔서 잠을 설칠 때가 많았다. 어렸던 나는 그런 고된 노동과 학대를 견디기가 힘들었다. 무섭고 아프고 서러웠다. 가난했지만 부모 형제가 있는 집이 그리웠다. 엄마가 보고 싶어 눈물이 났다. 나는 여기 계속 있다가는 친구들처럼 노예로 평생 일하다 죽을 거 같았다. 여기는 내가 있을 곳이 아니라는 생각이 들었다.

결국 나는 친구를 설득해 봉급 받는 날 도망가기로 결심했다. 그러나 기다리던 봉급날이 되어도 돈을 주지 않았다. 하루하루가 일 년처럼 힘들고 너무 걱정되었는데 다행히 열흘 후에 한 달 치 봉급을 받을 수 있었다. 돈을 받자마자 나는 말했다.

"바로 오늘 밤이야. 우리 남은 봉급 열흘 치는 포기하고 도망가자."

새벽 동도 트기 전, 우리는 무사히 염전에서 탈출해 남동역에서 기차를 타고 동인천역으로 향했다. 기차가 출발할 때 느꼈던 해방감은 잊을 수 없다. 그 해방감 속에서도 앞으로 어떻게 살아갈지에 대한 걱정이 앞서 눈물이 나왔지만 나는 포기하지 않으리라 다짐했다. 염전에서의 고된 노동과 학대 속에서도 나는 살아남았고, 그것이 나를 더 강하게 만든 것이다.

# 엔진소리 속의 희망
### - 멈추지 않는 소년의 도전

    염전에서 도망쳐 나와서 나는 친구와 서울까지 함께 동행했다. 죽을힘을 다해 도망쳐서 나오긴 했지만 앞으로 살아갈 길이 막막했다. 서울에 처음 도착한 날 야채상 점원부터 식당 배달까지 궂은일, 힘든 일 가리지 않고 정말 안 해본 일 없이 고생하면서 반드시 성공하리라는 굳은 결심을 하고 있었던 나였지만 염전에서의 공포와 충격은 어린 나에겐 너무 큰 상처였다. 하지만 친구도 나도 이대로 낙심과 걱정만 할 수는 없었다. 우리는 살아남아야 했기에 친구의 삼촌이 일한다는 중곡동의 태양국수 공장을 찾아가서 일을 한번 구해보자고 하고 무작정 친구 삼촌을 찾아갔다.
    삼촌네 집에서 이틀을 머무르며 나는 그곳의 분위기를 살폈다. 공장 옆에 있던 별표건축이라는 회사가 사람을 모집한다는 소식을 듣고 곧장 찾아갔다. 하지만 불행히도 단 한 명만 모집한다고 했다. 게다가 친구는 삼촌네 집에서 지내기로 했지만, 나는 당

장 갈 곳이 없어 덜컥 겁이 났다. 생각 끝에 용문동에 친구가 있단 말이 기억나서 친구를 찾아가기로 했다. 63번 버스 종점에서 버스를 기다리고 있던 중, 낯익은 얼굴이 보였다. 어라! 어디서 많이 본 아이가 일하고 있는 것이 아닌가?

"혹시 너 공주 사는 아무개 아니냐?"

그 아이는 나를 바로 알아보고 반갑게 맞아주었다.

"맞아! 병원아! 너 여기서 뭐해?"

"갈 곳이 없어서 걱정이다. 기술을 배우고 싶은데 갈 데가 없네."

나는 그간 내게 일어났던 일과 지금의 상황을 솔직하게 털어놓았다.

"내가 일하는 곳에 알아봐 줄게. 거기서 주는 밥 먹고 기술 배우면 돼. 여기서 일하면서 기술 배우는 거 어렵지 않아."

친구는 흔쾌히 말했다. 하늘이 무너져도 솟아날 구멍이 있다고 했던가? 절망적인 상황에서 그 친구를 만난 건 정말 행운이었다. 친구는 초등학교를 졸업하고 바로 시내버스 정비공으로 와서 기술을 배워서 그땐 벌써 버스 두 대를 맡아서 정비 일을 하고 있었다. 나는 살짝 그동안 내가 뭘 하고 살았나 잠시 후회가 들기도 했다.

친구의 말대로 나는 일하면서 기술을 배우겠다고 결심했다. 친구가 정비 대장에게 날 데려가 인사를 시켰다. 친구와는 어려서 마라톤 선수를 함께했던 터라 무척 친한 사이기도 했다. 이 친구는 그때 나의 구세주나 다름없었다. 친구는 내 사정을 듣고 63번 버스 정비 대장한테 말해서 그 이튿날부터 일하게 되었다. 처음엔 밥을 안 주고 내 밥 먹고 일해야 한다고 했다. 3개월 배우면 밥은 두 끼를 먹여주고, 6개월이 지나면 삼시 세 끼를 먹여준다고 하니 그보다 더 좋을 수가 없었다. 그만큼 굶주림이 무서웠으리라. 나는 살면서 고생도 많이 했었지만, 그때 그 시절이 나에게는 인생의 전환점이 되었다. 사실 그때 나같이 내 밥 먹으면서도 기술 배우려고 와 있는 사람들이 여러 명이 있었다. 잠은 기사들 대기실에서 쪽잠을 자면 된다는 말에 그마저도 감사했다. 이렇게 간절히 원했던 기술을 배울 수 있게 되었으니, 이것저것 따질 것 없이 모든 게 황송할 따름이었다. 내가 그렇게 기술 배우기를 고대했었는데 지금 당장 어디를, 누구를 찾아가서 만나야 하나 앞이 깜깜했던, 이것저것 따질 게 없는 신세였다.

그렇게 일을 시작한 나는 밥을 사 먹을 돈이 없어 3개월 동안 국수로 삼시 세 끼를 때우며 진짜 열심히 기술을 익혔다. 국수조차도 배불리 먹을 수 있는 날은 드물었지만, 기술을 배우고자 하는 열정 하나로 버텼다. 빨리 배워서 버스를 맡아 전담 정비를 하는 것이 그때 나의 목표였다. 남들이 3년에 걸쳐 배우는 기술을 나는 3개월 만에 모두 익혀 정비 반장의 신임을 얻었다. 나중엔 정비 반장이 지시만 하고 내가 모두 고쳐서 시운전까지 테스트를 한 후에 차고에 입고까지 시키게 되었다.

"너는 6개월만 배우면 버스 두 대는 맡아서 정비할 수 있겠다."

정비 반장은 그런 나의 배움의 속도와 열정을 칭찬했고, 이 말에 나는 더욱더 힘을 얻었다.

그 3개월 동안 낮에는 자고 밤에만 일했다. 버스 운행이 다 끝난 밤에 정비와 수리를 해놓아야 하기 때문이다. 제대로 먹지도 못하고 밤낮이 바뀐 생활을 하니 정말 기력이 달렸다. 그러나 하늘이 무너져도 솟아날 구멍이 있다는 말처럼, 친구가 별표전축을 그만두고 태양국수 공장에서 일하게 되면서 내 배꼽 사정도 좀 나아졌다. 친구에게 국수 공장에서 나오는 찌꺼기를 좀 달라고 부탁했다.

"병원아, 나는 이제 막 들어간 신입이라서 눈치가 보이니까 삼촌한테 말해 보자."

그는 아직 신입이라 눈치가 보여 줄 수 없다고 하며 자기 삼촌에게 이야기해보라고 했다. 그래서 그의 삼촌에게 부탁했더니, 갈 때마다 한 자루씩 국수 찌꺼기를 주었다. 그 몇 개월 동안 나는 그 국수 찌꺼기로 연명할 수 있었다. 국수 공장은 규격대로 자르고 남은 찌꺼기를 다시 반죽해서 국수를 만들었기 때문에, 한 자루씩 준다고 해도 많은 양은 아니었지만, 나에게는 주린 배를 채울 수 있는 유일한 식량이었다. 시간이 지나고 보니 친구와 삼촌은 정말 은인 같은 고마운 사람이었다.

차장 누나들도 밤샘 작업을 하는 어린 내가 안쓰러웠는지 가끔 용돈을 주었다. 그 돈으로 나는 밥도 사 먹고, 왕십리 중앙시장에서 중고 옷도 사 입었다. 그분들의 작은 도움들이 나에게는 큰 힘이 되었고, 그 덕분에 힘든 시절을 버틸 수 있었다고 생각한다. 그들의 따뜻한 마음과 친절이 내게는 삶의 큰 위로이자 버틸 수 있는 원동력이 되었다.

첫 출근날이 생각난다. 나는 긴장과 기대를 안고 기름냄새 가득한 정비소에 들어섰다. 정비소는 각종 공구와 부품으로 가득 차 있었다. 공구함의 뚜껑을 열어볼 때마다 다양한 크기의 스패너와 렌치가 빛을 반사했다. 그 빛이 마치 나를 비춰주는 듯했다. 내 앞날은 이렇게 빛나리라 확신이 들었다.

첫 출근 후 3개월 동안 나는 정말 바쁜 나날을 보냈다. 미션 교체부터 엔진밸브 조정, 미션 메인베어링 교체, 데후 베어링 로드와 피뇽 교체, 라이닝 브레이크 마스터 실린더 고무바킹 교체 및 에어 제거, 브레이크 실린더와 브레이크 디스크 교환, 유니버설 조인트와 메인 베어링 교체, 유 볼트 교환, 엔진 실린더 라이너 보링, 엔진 헤드 가스킷 점검, 클러치 삼발이 교체, 스티어링 기어 링크볼 베어링 교체, 앞 타이어 토인 점검까지 배우고 또 배우고 연습하며 내 손에 익히도록 노력했다. 시내버스는 브레이크를 자주 밟기 때문에 하루에도 몇 번씩 브레이크가 터지는 일이 다반사였다. 낮에도 거의 잠을 못 자고 출동해야 했고, 하루에도 몇 번씩 하부작업을 해야 했다. 하루에도 수십 번씩 버스 밑을 기어다니며 수리하면서 나는 조금씩 경험을 쌓아갔다.

지금은 전자식이라 잘 모르지만, 그때는 엔진 시동을 걸어보고 시운전을 조금만 해보면 데후에 무슨 이상이 있는지, 미션에서 나는 소리가 센터 베어링이나 메인 베어링의 문제인지 바로 알 수 있었다. 그때 나는 배고픔을 절실히 느끼면서도, 성공하고자 하는 마음으로 하루하루를 견뎠다.

밤낮없이 일하면서도 포기하지 않고 계속해서 버스의 문제를 해결해 나갔다. 손에 느껴지는 기름의 질감, 공구를 쥐는 손의 고단함, 엔진에서 나는 소리, 브레이크가 터지는 순간의 긴장감, 그리고 배고픔, 그 모든 것이 나를 더 강하게 만들었다. 나의 부지런함과 끈기 덕분에 결국에는 웬만한 고장은 다 해결할 수 있었다. 그리고 그 시절의 고단함과 배고픔이 있었기에 지금의 내가 있다고 믿는다. 그때의 경험들이 나를 더 강하게, 더 지혜롭게 만들어 주었다. 내가 버티고, 견뎌내며, 노력했던 그 모든 순간이 지금의 나를 있게 한 밑거름이 되었다.

어느 날 하루는 내가 타고 있던 버스에 이상함을 느꼈는데 서울역에서 자동차 팬 벨트가 끊어졌다. 부속을 사러 갔다 오기엔 시간이 너무 오래 걸리는 상황이라 나는 순발력을 발휘했다.

"저기 차장 누나, 스타킹 좀 빌려주실 수 있을까요?"

차장 누나는 의아한 표정으로 스타킹을 건넸다. 나는 스타킹을 팬 벨트를 대신해 끊어진 부위를 연결해 차고까지 운전해왔다.

"잘했다, 우리 병원이. 그 순간 어떻게 그런 생각을 다 했는지 기특하다. 그래 이렇게 문제를 해결하는 능력이 중요하지. 참 잘했다."

이 일로 정비 반장은 나의 기지에 놀라며 칭찬했다. 또 한 번은 비가 억수로 쏟아지던 날이었다. 비가 쏟아지는데 하필 윈도우 브러쉬가 고장이 난 것이다. 나는 임시방편으로 하이타이라는 세탁 세제를 사용해 비를 닦아내며 차고까지 운전해서 온 일도 있었다. 궁하면 통한다고 나는 그때그때 문제를 해결해가면서 세상 사는 법을 배웠다. 그날 밤, 나는 빗방울에 씻겨. 내려가는 세제거품을 바라보며 나 스스로가 얼마나 성장했는지를 실감했다.

    정비소에서는 항상 다양한 기계음이 울려 퍼졌다. 라쳇렌치가 돌아가는 소리, 기어가 맞물리는 소리, 브레이크 패드가 제자리를 찾는 소리 등 모든 소리가 나에게는 배움의 순간이었다. 이 소리들은 점차 익숙해졌고, 나는 기계의 소리를 통해 문제가 있는 부분을 파악할 수 있게 되었다. 3개월이 지나고 나는 거의 모든 정비기술을 익혔다. 미션부터 엔진, 브레이크, 유니버셜 조인트 등 시내버스 정비에 필요한 모든 기술을 빠르게 배워나간 것이다. 밤새 정비를 하다 보니 기력이 달릴 때도 많았지만, 기술을 익히는 데에는 지장이 없었다. 이제는 엔진소리만 들어도 어디가 문제인지 알 수 있을 정도로 성장했다. 약삭빠른 친구들은 차장이 뒷돈을 안 주면 일부러 차를 더럽혀 놓기도 했지만 나는 시간이 될 때면 차도 닦아주며 차장 누나들을 도왔다. 그래서 차장 누나들이 나를 이뻐하고 더 챙겨주었는지 모르겠다. 나는 그렇게 하루하루를 열심히 살아가며 기술을 익히고 인생의 기회를 잡아나갔다. 세상은 쉽지 않았지만, 나는 포기하지 않았다. 나의 노력과 끈기는 결국 나를 성공으로 이끈 원동력이 되었다. 물론 항상 잘하기만 한 것은 아니었다. 밤새워 일한 후 슬리퍼를 신은 채로 첫차로 운행할 버스를 입고시키다 미끄러져 큰 사고를 낸 적도 있었다. 자동차 두 대와 집 담장을 모두 부수고 경찰서까지 갔지만, 그땐 미성년자라고 훈방조치하고 차주는 내가 평소에 열심히 일한 걸 알기에 혼도 안 내고 모두 변상해주셨다. 그렇게 정비업체에서 난 사장님과 차장 누나들의 귀여움을 받으며 지내게 되었다.

어느 날, 우리 차고 종점에서 버스 타러 온 고향 친구를 우연히 만나게 되었다. 그는 초등학교 졸업 후 한양대 옆에서 요꼬 짜는 기술을 배웠다고 했으며, 곧 군대에 간다고 했다.

"나 해병대에 지원하려고 해. 군대 가면 밥도 실컷 먹을 수 있고, 육군보다 4개월 빨리 제대할 수 있어."

"정말? 나도 해병대에 가고 싶다."

나도 역시 군대 갈 나이가 되었기에 며칠 고민하다 군대에 가기로 결심했다. 반장에게 며칠 안에 그만두겠다고 말하고 몇 년 만에 고향으로 내려갔다. 집에서는 내가 죽은 줄로만 알고 있었다. 2년 만에 집에 돌아오니 아버지는 병석에 누워 계셨고, 형들은 옥천의 경부고속도로 건설현장과 전남 광양으로 가서 각자 일하느라 바빴다.

나는 부모님께 군대에 가겠노라 말하고 길을 나섰다. 대전으로 가서 친구와 함께 해병대에 지원했다. 하지만 해병대는 가고 싶다고 바로 갈 수 있는 곳이 아니었다. 그동안 서울생활에서 눈치가 늘었는지 나는 혼자 접수를 보고 있던 담당 중사에게 개인 면담을 요청했다. 따로 얘기를 해볼 생각이었기 때문이다. 6시쯤 나는 담당 중사를 찾아갔다. 어떻게 하면 해병대를 갈 수 있는지, 해병대를 꼭 들어가고 싶으니 합격시켜 달라고 했다. 지금 생각하면 참 어처구니없는 행동이지만 안 되면 되게 하라는 내 마인드가 이런 용기를 준 것도 같다. 담당 중사는 그런 꼬맹이가 우습기도 하고 기특했는지 설명을 잘해주었다. 해병대 선발 경쟁률이 20 대 1이라고 하시며 시험만 잘 본다고 합격하는 것은 아니라고 했다. 일단 신체조건 기준 키 172cm 이상, 몸무게 55kg 이상 등등 원론적인 이야기만 하길래 미리 준비해간 돈 3,000원을 호주머니에 찔러주었다. 그는 액수를 살짝 보더니 미소를 짓는다.

'이 어린놈이 세상을 사는 법을 벌써 아는 걸까?'

말이 통함을 느꼈는지 본심을 드러냈다. 2,000원은 더 줘야 병과장님한테 얘기라도 해볼 수 있을 거라고 했다. 나는 2,000원을 더 주고 잘 부탁한다는 말을 덧붙였다.

그렇게 접수를 하고 나오니 친구가 자기는 누나네 집으로 간다고 했다. 해병대 발표까지는 두어 달이 남아 있어서 그동안 거기서 지낼 생각이라는 것이다. 나는 또 몸 누일 곳을 걱정해야만 했다. 하지만 내가 누구인가? 눈 뜨고 코 베인다는 서울에서도 살아남지 않았던가? 버스 정비기술도 있고 하니 일을 찾아보자 생각하고 그 길로 일을 찾아 나섰다. 대전에도 버스가 돌아다니니 버스회사도 있을 것이고, 정비공장도 있을 것이다. 나는 유승기업사라는 자동차 정비공장을 찾아가 보기로 했고, 바로 취직이 되었다. 반장에게 5년 경력이라고 거짓말을 했지만, 그는 밋숑이나 데스크 교체 가능 여부 등을 묻더니 바로 다음날부터 일하라고 했다. 마침 그때 작업자 한 명이 반장이랑 싸우고 그만둬서 그들도 사람이 필요하던 참이었다. 정말 운이 좋았다. 하지만 나는 운도, 기회도 움직이는 사람만이 잡을 수 있다는 것을 그때 깨달았다. 가만히 있으면 아무도 그냥 먹여주지 않는다는 것을 말이다.

나는 서울에서 익힌 정비기술을 대전에서도 발휘하며 조금씩 운이 풀리기 시작했다. 주인의 마음에 들어 구내식당에서 밥을 먹을 수 있게 되었다. 기술을 익히고, 인생의 기회를 잡으며 하루하루를 열심히 살아갔다. 이 모든 경험이 나에게는 값진 인생의 전환점이 되었다.

## 귀신이 아니라 나를 잡는 해병대, 그 혹독했던 군생활

해병대에 접수하고 유승기업사에서 일한 지 한 달쯤 지나도 소식이 없길래 걱정이 되어 해병대 사무실로 전화를 했다. 담당자는 곧 체력시험이 있다고 했다. 그 주 목요일에 서대전 국민학교 운동장으로 2시에 모이라고 알려주었다. 나는 회사에 하루 볼일을 보고 온다고 하고 그날 체력시험을 봤다.

시험이라는 게 1,500m 달리기, 턱걸이 등등이었는데, 나는 초등학교와 중학교 때 마라톤 선수였으니 1,500m를 5분 40초에 뛰어서 모두 만점을 받았다. 그리고 그날 병과장 면접까지 보았다. 5,000원으로 시험의 기회를 얻은 것일까? 병과장은 물었다.

"네가 조병원이냐?"

"네."

"합격!"

그리고 한 달 후, 입대 날짜가 정해졌다. 1971년 5월 29일 밤

12시 55분까지 대전역으로 집합하라는 것이다. 그 자리에서 해병대 사령관 직인이 찍힌 영장을 발부받았다. 초등학교 동창은 불합격이라 해병대에 떨어졌고, 서로 위로와 축하를 위해 우리는 같이 보문산에 올랐다. 소주 한 병, 오징어 한 마리, 콜라 한 병을 가지고 친구와 나는 저녁이 될 때까지 이런저런 이야기를 했다.

나는 다시 유승기업사로 돌아와서 숙직실에서 자고 평소처럼 일을 열심히 했다. 군대 갈 날 3일 남겨놓고 퇴사하고, 그동안 베풀어주신 은혜에 감사해서 며칠 일한 봉급은 안 받겠다 했다. 정말 고마웠다고 인사하고 시골집으로 들어갔다. 집에 가보니 여전히 집안은 아버지의 병과 가난으로 고단하고 음울해서 초상집 분위기였다. 집만 생각하면 마음이 갑갑하고 슬펐다. 고생하는 엄마가 안쓰럽다. 나는 덤덤하게 부모님께 군대 발령소식을 알려드렸다.

1971년 5월 29일, 내 인생의 큰 전환점이 시작되는 날이었다. 여름이 다가오는 대전역, 따가운 햇살 아래 사람들이 분주히 오가고 있었다. 입대 명령서를 손에 쥔 나는 긴장감과 설렘이 뒤섞인 채 역 플랫폼에 서 있었다. 어머니가 주신 거북선이 그려진 500원짜리 지폐는 주머니 속에서 어머니의 걱정만큼 무겁게 느껴졌다.
"잘 다녀와라."
어머니의 많은 감정이 들어 있는 그 한마디의 말이 귓가에 오랫동안 맴돌았다. 나도 모르게 눈물이 났다.
대전역에서 12시 55분발 완행열차를 타고 대전을 출발하여 삼랑진역에 도착하니 아침 7시였다. 열차를 내리는 순간부터 헌병이 군기를 잡기 시작했다. 아, 드디어 군대에 오긴 왔구나 실감이 나기 시작했다. 헌병이 신병들을 일렬로 쭉 줄을 세웠다. 창원 진해 상남역을 거쳐 경화동역에 도착하여 헌병의 인솔하에 진해만 해병대 훈련소로 들어갔다. 훈련소에 도착했을 때는 여름이었지만, 내 몸은 이미 긴장감으로 꽁꽁 얼어붙어 있었다.

군대 가면 밥은 실컷 먹는다는 친구 말에 얼른 군대 가기로 작정한 건데, 훈련병이라 그런지 식사시간과 양이 부족해 늘 배가 고팠다. 줄 서서 왕자식당에 배식이 되어 있는 식탁 옆을 지나면, '어휴, 저기가 내 자리면 좋을 텐데'라는 생각이 먼저 들곤 했다. 밀려서 한 칸 뒤로 가면 왜 그리 억울한지 모를 일이다.
"식사시간은 단 20초 준다."
"식사 끝!"
구령소리가 들리면 들었던 수저도 즉시 내려놔야 한다. 한 입이라도 더 먹으려 수저가 입으로 들어가는 걸 교관에게 들키기라도 하면 그날은 죽지 않을 만큼 얻어맞아야 했다.

지나고 보니 진짜 훈련소에서나, 자대 배치받아서 내무실에서나, 어디서나 선임 해병들은 신병을 그렇게 팼다. 군기교육이란 허울 아래 신병은 항상 배고프고 몸이 아팠다. 상남훈련소에서는 일주일간 각개전투부터 막타오 공수교육, 일주일간 물속에서 사는 훈련을 했다. 신병교육은 죽음의 교육이었다. 일과 끝나고 나와서 젖은 옷을 그냥 짜서 입고, 그냥 잠자고, 또 그렇게 일주일,

일주일 하면서 시간이 흘렀다. 따뜻한 목욕탕의 뜨끈한 물이 무척 그리웠다.

　신병훈련이 끝나는 수료식날, 드디어 난 처음으로 밥이 목구멍 앞까지 차도록 먹어봤다. 수료식이 끝나면 부모 형제들이 면회 와서 그날 식사는 면회 안 온 훈련병들 차지였기 때문이다. 우리 기수가 총 234명이었는데 4명만 면회 안 오고 나머지 모두 가족이 면회 왔다. 234명 식사를 4명이 먹었으니까 먹고도 남았다. 나는 집에서 면회 올 사람이 없다는 것을 알기에 처음부터 기대조차 하지 않았다.

　훈련이 끝나고 첫 발령지는 백령도였다. 10월 8일 수료식하고 10일까지 인천 연안부두 해병 경비대에 저녁 6시까지 도착하라는 사령장을 받았다. 집에 가자니 반겨줄 사람도 없고, 그래서 우리 동기 중 고향이 진해 칠포해수욕장 사는 애가 있어서 그 친구 따라서 진해로 갔다. 그 친구 집에서 하룻밤 자고, 10일 일찍 그 친구와 함께 인천 연안부두 해병 경비대에 들어갔다. 아니나 다를까 기다렸다는 듯이 쫄따구 왔다고 경비대에 들어가자마자 기합 좀 받고, 눈 좀 붙인 후 새벽에 황진호라는 배를 타고 가는데 얼마나 배멀미를 했는지 12시간 동안 똥물까지 토만 했다. 그렇게 고생 고생하며 백령도 옹기포 부두에 도착하니 어느새 밤이었다.

　본부중대에서 신입을 데리러 나와 있었다. 본부중대에 며칠 묵다가 연화리 수색중대로 배치받았다. 거기서는 섬이라 군 식량 수송이 어려워서 그런지 늘 먹을 것이 부족했다. 고참도, 쫄병도 모두 배가 고팠다. 백령도에는 산달래가 많았다. 그걸 캐서 된장 조금 얻어다 넣고 푹푹 끓여 배를 채웠다. 나중에 알고 보니 규정량이 나오는데 섬에까지 배급이 내려오는 도중 높은 사람들이 중간에 다 빼먹어서 병사들을 그리 배고프게 했다는 것이었다.

밥 타러 가는 곳이 산 아래로 40분가량 걸리는 곳인데, 식당에 가면 또 쫄병이 기합 빠졌다고 하며 물을 길어오라 했다. 30분 거리 옹달샘에 가서 물을 두 통을 길어다 줘야 배식을 주었다. 그때는 밥하고 국하고 단 두 가지니까 물 사용량이 많을 만도 하다. 가끔 돼지고기도 나오는데 그것도 다 중간에서 떼먹고 남은 국물만 기름 둥둥 뜬 거 주면 배식하다 밥이 식어서 양이 줄어들어 모자라곤 했다. 그럼 또 식당으로 가서 한 그릇이 모자란다고 하면 또 물 두 통을 길어다 줘야 한 그릇을 주었다. 백령도에서 세 곳을 전출 다녔는데 화기중대도 마찬가지로 배고프고, 수송소대도 배고프고, 백령도에서는 어디서나 배가 너무 고팠다. 내 몸은 고된 훈련과 배고픔에 지쳐갔지만, 오히려 그런 상황이 더 강하게 만든 것 같기도 했다.

하루는 배고픈 상태로 훈련을 마치고 산길을 걷고 있었는데, 주변에서 나는 풀냄새와 흙냄새가 유난히 진하게 느껴졌다. 그때 나는 진짜 살아있다는 느낌을 받았다. 비록 배는 고프지만, 이런 고난들이 내 인생의 중요한 한 부분이 될 것이라는 확신이 든 것이다.

그러던 1972년 8월에 소대장이 불러서 가니 곤봉을 싸라는 거다. 곤봉은 해병대 훈련소에서부터 지급해주는 더플백이다. 시키는 대로 곤봉을 싸서 소대장실로 갔다.

"너 오늘부로 부산 경비대로 전출됐어. 너 빽 있냐?"

"제가 무슨 빽이 있습니까? 아닙니다."

부산 경비대는 좋은 연줄 없이 갈 수 있는 곳이 아니라는 소리를 들었다. 나 역시 영문을 모르기는 매한가지였지만 더 좋은 곳으로 간다니 배는 곯지 않겠지라는 희망에 기분은 좋았다.

옹기포에서 황진호를 타고 새벽에 출발해 저녁 어두워질 무렵 연안부두에 내려서 인천역에서 기차를 타고 서울역에 내려서 다시 부산역 가는 열차를 타고 밤새도록 달리는 긴 거리였다. 나는 아침에 부산역에 도착하여 경비대 초량동 4부두에 도착했다. 물어물어 찾아간 곳! 아침 일찍 초소에 들어가니 헌병이 경계근무를 서고 있었다.

"백령도에서 전출을 명령받고 왔습니다."

"너 내일 오후 6시까지 들어오면 되는데 왜 이리 빨리 왔냐? 군대생활 30개월 하면서 도망가는 놈은 봤어도 너같이 이틀씩이나 빨리 들어오는 놈은 처음 봤다."

"갈 곳이 없어 그냥 일찍 왔습니다."

"너 고아냐?"

"아닙니다."

"고향이 어디냐?"

"충남 공주입니다."

"어쭈! 나도 공주야. 공주 어디냐?"

"시골 깡촌입니다."

"그래? 나는 장기면 화봉리다. 반갑다! 앞으로 잘 봐줄게!"

여기서 고향 사람을 만나다니! 나는 행운의 사나이인 것처럼 기분이 아주 좋았다.

　경비대장님에게 전입신고를 했는데 경비대장 계급은 중령이었다. 부산 경비대는 식당 가서 밥을 타다 배식하는 게 아니고 부대 옆 식당에서 먹었다. 식당 아줌마가 하얀 쌀밥에 계란 한 개, 우유 한 개, 김치 등등 백령도 군대와 이렇게 차이가 나다니! 너무 행복했다. 밥도 더 달라면 더 주고 백령도 군대하고 360도 달랐다. 백령도 있을 때 고참들이 했던 말이 틀린 말이 아니었다.
　헌병 백차 운전병으로 근무하며 이곳 부산에서 군대생활을 배부르게 먹으며 잘했는데, 여기도 역시 해병대는 해병대였다. 둘이 군대생활해도 그중 한 놈이 선임이면, 나머지 한 놈 두들겨 팬다더니 여기도 다를 바 없었다. 몇 안 되는 내무반에서도 새벽에 선임들 모두 구두 닦아놓고 옷 빨아서 다림질해놔야 하고, 부산에 오니 내 밑으로 한 명 있었는데 그놈하고 둘이 한참 고생했다. 그래도 백령도랑은 비교할 수 없을 만큼 부산은 좋았다.
　나중에 알고 보니, 이런 나의 행운은 모두 진해 사는 우리 동기생 덕분이었다. 그의 사촌형이 해병대 사령부 인사 선임하사로 근무하고 있었는데, 친구가 백령도로 가서 본부중대에 있다가 6개월 만에 육군 병기학교로 전출되면서 그 사촌형이 사촌동생인 내 동기를 편한 보직인 보수 교육생으로 빼주었다 한다. 그런데 그 친구가 사촌형한테 내 동기 조병원이라는 애가 백령도에 같이 가서 고생한다고, 그 친구도 후방으로 좀 보내달라며 그냥 지나가는 말로 부탁했다고 한다. 때마침 부산 경비대에 제대하는 해병이 있어 자리가 나면서 나를 거기로 발령냈다는 거다. 부산에서 며칠 근무하는데 사령부에서 전화가 왔다고 하여 받아보니 그 동기인 사촌형, 인사참모였다.

"너 친구 잘 만나 좋은 곳으로 보냈으니 군대생활 잘해라."

이런 통화였다. 난 동기 친구가 너무나 고마웠고 감사했다.

어느 날 부대가 술렁거렸다. 부대 인원을 재편성하는데 우리 인원을 줄이라는 명령이 떨어졌다. 누구를 전출시켜야 하나 그걸 선임하사와 소대장이 고민하고 있었다. 나는 다른 곳으로 차출될 수도 있다는 생각에 너무 걱정되었다. 결국, 내 걱정대로 군대생활 많이 남은 놈들을 보내자, 이렇게 결정이 되어 5명을 차출했는데 거기에 내가 포함되었다. 포항 오천 해병 1사단으로 전출되어

사단본부에서 대기하는 중에도 졸병은 어딜 가나 기합에, 빳다에 하루하루 힘든 날의 연속이었다.

포항에서는 근무대대라고 1사단 모든 연대, 대대에 그날그날 필요한 부서에 파견 나가서 일하는 곳에 배치되었다. 나는 해병대 대 해안초소에 나가 있는 부대에 물을 실어다 주는 물차 운전병으로 배치받았다. 그때 포항제철은 건설이 한창이라 거기엔 일하는 사람들 밥해주는 함바라는 구내식당이 있었다. 그날도 부대에 물을 배달해주고 돌아오는 길에 그 함바식당을 지나게 되었다. 그런데 그때 한 민간인이 손을 들길래 세우고 이야기를 들으니 하루에 물 열 드럼씩만 주면 500원씩 주겠다 한다. 돈벌이 없는 군인에겐 솔깃한 제안이었고 마다할 이유가 없었다. 우리 수송반은 그렇게 하자고 서로 합의하고 돈을 벌어 가끔 선임들 몰래 담 넘어 술집에 가서 회식도 하면서 군대생활을 몇 개월 편하게 하기도 했다.

부대는 그때만 하더라도 선임하사들이 중사, 상사였는데 도둑질은 그분들이 다 해먹었다. 비리가 많던 시대였다. 한 번은 대대 선임하사가 차에 물을 싹 빼고 연료고 앞에 대라 해서 갖다 댔더니 휘발유를 물탱크에 가득 싣고 오천 기름집에 주고 오라 했다. 기름을 실었던 터라 물탱크 청소를 잘한다고 꼼꼼하게 했는데도 그 기름기가 남았던지 해안초소에 물을 배달하고 돌아왔는데 보안대에서 불렀다. 아니나 다를까 가자마자 호통을 치기 시작했다.

"아니, 왜 물에서 기름이 뜨냐? 이 물을 먹을 수 있겠어?"

"그게… 대대 선임하사님이 기름을 실어다가 주유소에 갖다 주라 해서 주고 왔습니다."

"그래? 알았어."

그 이후 아무 소식 없는 걸 보니 둘이 만나서 합의를 본 것 같았다. 그리고 몇 달 후, 임무교대하여 부식차 운전병으로 배차받고 각 대대 부식을 수령해 배달해주는 일을 했다. 나도 윗사람한테 잘 보이려고 고기 나오는 날은 꽁치 한 상자, 닭 몇 마리 등등을 슬쩍 빼서 우리 소대 선임하사님 집에 내려주기도 했다.

이런 생활을 하다 보니 나도 고참이 되어서 내가 당한 만큼 쫄병들을 엄청 괴롭혔다. 그땐 그렇게 하는 줄 알았다. 지금 생각해보면 참 어리석은 일이었다. 우리 내무반에 우리 동기가 5명이나 되어 밑에 쫄병들이 지레 겁을 먹어 말을 잘 들었다. 그런데도 동기들이 너무 심하게 쫄병들을 괴롭히니, 하필 대대장 차 운전병이었던 쫄병 한 놈이 내무반에 고참이 5명이나 있어 괴롭힘에 도저히 힘들어서 못 살겠다고 대대장에게 하소연했다.

대대장은 화가 나서 제대 6개월 남은 동기생 5명을 각각 다른 곳으로 배치해버렸다. 나는 해병 공수 교육대로 발령이 나 거기서 제대하는 날까지 점프하고 아이비에스 타고 물속에서 훈련받으며 군 말년에 생고생했다. 다 인과응보였다. 후임을 괴롭힌 벌인 것을 누굴 탓하겠는가? 그렇게 34개월 15일을 군대 생활하고 1974년 2월 20일 제대를 했다. 드디어 제대를 하는구나! 이제 진짜 어른이 된 기분이었다.

# 제2장

# 천억을 향한 도약, 불가능을 가능으로

...

"무슨 일이든 시도하지 않으면,
성공할 기회조차 얻지 못한다."

리처드 브랜슨

# 억만장자의 길,
# 도전 없는 성공은 없다

제대하고 집에 오니, 여전히 집은 우울했다. 면사무소에 제대 전역증서를 가지고 가서 전입신고를 하고, 그 이튿날 나는 개구리복을 입고 공주 시내로 무작정 나섰다. 갈 곳이 있는 것도 아니었다. 여기저기 돌아다니다 시외버스 정류장을 둘러보니 기사님들이 드나드는 기사휴게소라는 간판이 보이길래 일을 구할 수 있을 것 같아 망설임 없이 들어갔다.

휴게소 안에는 몇 명의 기사님들이 앉아 있었다. 나는 막 군대를 전역하고 왔다며 여기서 버스 조수를 하고 싶은데 일 좀 할 수 있는지 물어보았고, 기사님이 어떤 한 분에게 데려다주었다. 지나고 보니, 나와 이야기를 나눈 분이 여객 노조위원장이었다.

"버스 정비할 줄은 아나?"

"네, 군대 가기 전 서울 시내버스에서 5년간 정비공으로 일했습니다. 군대에서도 3년간 운전병으로 있었고요."

노조위원장은 고개를 끄덕였다.

"대전의 유승기업사에서도 군대 가기 전까지 일했습니다. 하체부에서 일했고, 데후 밋숑, 엔진발브, 조시, 클러치 삼발이까지 다 할 줄 압니다."

노조위원장이 다시 물었다.

"그래, 열심히 할 수 있겠나?"

나는 자신 있게 말했다.

"네, 시켜만 주시면 열심히 하겠습니다."

옆에 구내식당이 있었는데, 점심때가 되자 휴게실에 있던 기사님들과 노조위원장이 밥 먹으러 나갔다. 나도 배가 고프고 그분들과 더 대화하고 싶어서 구내식당으로 따라갔다. 백반 한 그릇을 시켜먹고 있는데, 두루마기를 입은 노인이 성질을 내며 혼자서 욕을 하고 있었다. 그러다 노조위원장에게 말했다.

"몇 호 조수가 어제 술 처먹고 안 나왔어! 버스는 떠날 시간인데 큰일이야. 어디 가서 당장 조수를 한 명 구할 수 있나?"

노조위원장이 나를 가리키며 말했다.

"이 총각이 지금 제대하고 막 왔는데, 일자리 좀 있으면 일을 하게 해달라니 잘 됐네요. 이 친구를 태워서 보내면 어떻겠습니까?"

그러자 노인은 나를 보더니 물었다.

"집은 어딘고? 조수생활은 해봤나? 버스 시다마리는 기어봤고?"

"네, 집은 공주입니다. 조수생활은 해본 적 없지만 자신 있습니다. 버스 시다마리는 정비소에서 일할 때 많이 기었습니다. 시켜만 주시면 열심히 하겠습니다."

나는 시원시원하게 대답했다. 노인은 나를 잠시 바라보다가 말했다.

"버스 조수도 차비를 받으니, 내리는 사람들 돈 잘 받아야 한다. 일단 오늘 당진 가서 자니까 갔다 와라."

그날부터 임시지만 취직이 된 것이다. 이후에 알고 보니 그 차 조수가 술 먹고 제 시간에 오지 않아서 내가 대신하게 된 것이었다. 그리고 구내식당 주인은 버스 7대를 가진 부자였고, 그 구내식당은 사위에게 만들어준 것이었다.

나는 그날 당진이라는 도시에 도착해 도마리로 일하게 되었다. 크러치 조시보고, 유니버설 조인트 도리시키 보도 모두 19mm로 조여놓고, 스프링 나간 게 있나 유 볼트를 확인하고, 엔진오일 체크하고, 냉각수 체크하고, 브레이크 마스터 실린더 브레이크액을 확인하는 등의 일들을 했다. 예전 시내버스 정비할 때와 거의 같은 일들이어서 쉽게 일을 마칠 수 있었다. 차장 세차하는 것도 도와주고, 마지막으로 브레이크를 밟아보니 데루등이 나가서 교체해주었다. 나름 기사님께 잘 보이려고 구석구석 일을 찾아서 했다.

옛날에는 모든 도로가 비포장도로라 버스가 한 구간만 다녀와도 백미러도 나사가 풀리고, 조인트등이 잘 나갔다. 비포장도로에서 차가 굴러다니려면 여러 가지 신경 쓸 일이 많았다. 그래도 기사님께 잘 보여서 내일 공주 차고에 들어가서 '이 아이 내 차 태우자'라는 소리 나오게끔 신경 써서 밤늦게까지 일했다. 기름밥 먹는 것이 이 눈치 저 눈치 봐야 하는 일이었고, 요즘은 기술자를 못 구해 난리지만 옛날에는 밥만 주면 기술 배우는 때였다.

이 바닥에서 살아남으려면 첫째, 운전사가 가려운 곳이 어딘지 살펴서 긁어줘야 하고, 둘째, 여객에 종사하는 사람들한테 열심히 인사 잘하고 상냥하게 묻는 말에 대답 잘해야 했다. 나보다 나이가 좀 더 들어 보이면 무조건 형님이라 불러야 했다. 이 두 가지는 빽도 없고, 돈도 없고, 가진 것 하나 없는 놈이 이 바닥에서 살아남는 방법이라는 것을 어렸을 때부터 터득해서, 나는 눈치가 9단보다 높다는 말을 들었다.

주차장에 들어오니 운전사와 주인이 무슨 이야기를 하는지 모르지만, 주인께서 차로 오더니 말했다.

"자네, 이 차 정식 조수 시켜줄 테니 주민등록등본 한 통하고 면허증 사본 몇 장을 회사 업무과에 제출하게."

나는 알았다고 하고, 마침 그날 예산 도마리 가는 편이 우리 차가 집 앞을 지나가는 노선이라 집 앞 차표 파는 아저씨에게 부탁했다.

"제가 아무개 아들인데 내일 몇 시에 여기 앞에 오니까 서류 좀 떼서 기다려주세요."

"알겠네."

아저씨는 감사하게도 흔쾌히 부탁을 들어주셨다. 예산에서 하루저녁 자고 집 앞 정류장에 오니 동생이 서류를 가져왔다. 서류를 가져와 업무과에 제출하고 정식으로 여객버스 조수가 된 것이다. 옛날에는 차장은 여자가 하고, 조수는 남자가 하는 문 두 개

달린 버스였다. 그날 밤, 나는 좋아서 잠도 설칠 정도로 기뻤다. 군대에서 첫 병과를 수송병과로 받아 시험을 보고 코스를 꺾어서 합격해서 보통 1종 면허를 취득했기에 가능했던 일이었다.

그날부로 나의 인생의 새로운 막이 시작된 것이었다. 여객에 근무하는 기사님들을 보면 무조건 형님이라고 부르고, 조수들을 보면 무조건 선배님이라고 불렀다. 첫째로 사람들을 많이 알아놓으려고 노력했고, 친절하고 상냥하게 인사하고, 무조건 아는 척했다. 그러면서 친구도 생기고, 기사님 사이에 '어느 차 조수 참 인사성 밝고 괜찮은 놈이다'라는 소문이 나기 시작했다. 조수 고참들도 "병원아, 너 해병대 나왔다면서? 고생 많이 하고 왔구나!"라고 위로해주곤 했다.

그렇게 시간이 흐르다 보니 세루모타 제네레터 고치는 친구도 생기고, 빵구집 하는 친구도 생기고, 밧데리 가게 하는 친구도 생기고, 부속가게 하는 친구도 생겼다. 옛날에는 빵구도 하루면 한두 번 나고, 세루모타 제네레타는 비포장도로를 덜컹대고 다니니까 잘 망가졌다. 그러다 보니 자주 접촉하게 되었다. 사람을 사귀려면 무조건 친절하게 형님, 동생 하면서 먼저 다가가야 친구가 생기고, 아는 사람이 생긴다는 것을 꼭 명심했다. 사람이 재산이라는 말을 나는 평생에 걸쳐 실감했다.

친하게 알고 지내는 친구들 중 밧데리 가게를 하던 친구가 있었다. 그 친구는 거래처가 많아서 공주 바닥에서는 거의 모르는 사람이 없을 정도로 처세술도 좋았다. 그런 친구와 나는 성격이 잘 맞아 금새 절친한 사이가 되었다. 하루는 밧데리액을 가지러 갔는데, 그 친구가 옆집에 제네레터와 세루모타 고치는 친구네 집에 가 있어서 직접 밧데리액을 보충하기도 했다. 밧데리액은 황산이라 아주 조심해야 한다. 옷에 묻으면 구멍이 나고, 살에 묻으면 타들어가는 무서운 염산약품이다. 친구가 없어서 염산이 몸에 튈까봐 긴장했던 기억이 난다.

여객버스는 하루는 대전, 하루는 천안, 하루는 청주, 논산, 광천 등등 충청도를 남북으로 다니면서 머무는 곳에서 자는 생활이었다. 시간이 지나면서 나는 윗사람들에게 인사 잘하고, 성실하게 일한다고 소문이 나서 차주들과 운전기사들이 서로 자기네 차로 오라는 제안이 많이 들어왔다. 생각해보면 우리 차주분은 엄청난 성질을 가진 사람이었다. 버스를 7대를 가지고 있으면서도 주위 기사들이나 조수, 차장들에게 너무 갑질을 해서 어디 자리만 나면 직원들이 다른 곳으로 떠나는 경우가 다반사였다. 그래도 내가 오갈 데 없을 때 채용해준 분이라 다른 곳에서 더 잘해주고 봉급도 올려준다고 해도 섬큼 마음이 돌아서지 않았다.

여객에서 봉급이 그때 15,000원 정도 되었는데, 동생이 고등학교에 다니고 있어서 차비 대주고, 자취방 세 내주고, 부모님께 가끔 용돈 드리고 하니 그렇게 일해도 정작 모이는 돈은 하나도 없었다.

어느 날, 세루모타 마그넷트가 붙질 않아서 고치러 갔는데, 친구가 물었다.

"너 트럭 운전할 생각 없나?"

"자리만 있으면 하지."

돈을 더 벌어야겠다고 생각하던 참에 친구가 내게 딱 맞는 제안을 한 것이다. 일단 나 대신 일할 조수도 구해야 하고, 회사에도 말미를 줘야 하니 며칠 시간을 달라고 하고 차 주인에게 가서 말했다.

"제가 트럭 운전사로 일해보려고 합니다. 조수 구할 때까진 차질 없이 일하며 있을 테니까 그동안 빨리 좀 구해주십시오. 그리고 그동안 정말 감사했습니다."

다행히 며칠 후 조수가 구해져서 난 마지막 인사를 하고 친구와 함께 트럭 주인네로 갔다. 이렇게 나는 제대 후 새로운 길을 찾으며 다양한 사람들과 인연을 맺고, 새로운 도전을 통해 성장해 나갔다. 그때마다 느꼈던 감정과 경험들이 지금의 나를 만들었다. 모든 순간이 내 인생의 중요한 장면들이었고, 나중에 천억을 벌게 되는 기초가 된 것이다.

## 장사의 기술

　친구와 함께 트럭 사장님의 집으로 인사를 드리러 갔다. 주인 아저씨는 나를 유심히 보더니 인상이 선하다고 칭찬하며 내일부터 일을 시작하라고 하셨고, 그렇게 나는 그 집에서 일을 하게 되었다. 선양소주와 이젠백맥주를 대리점으로 판매하는 곳이었는데 4.5톤 트럭에 다른 물건도 싣고 다니며 판매하는 일이다.

　그 집 주인 사모님은 국민학교 선생님이었고, 사장님은 인물이 너무 좋아 어쩐지 한량 같은 사람이었다. 사장님은 신성일을 닮았다며 마을에선 한 인물로 유명했다. 사장님이 언젠가 자기 자랑하듯이 아내는 공주교대를 다니던 재원이었는데 극장에서 일하는 자기한테 반해서 결혼하게 되었다고 이야기해주셨다. 나는 그 이야기를 들으며 그들의 로맨스를 상상해보았다.

　내 일은 트럭에 소주, 맥주, 음료수, 과자, 라면 같은 잡화를 싣고 다니며 충청도의 작은 마을 구석구석을 돌아다니는 것이었다. 옛날에는 교통이 불편해 시골 사람들은 5일에 한 번 장을 열어 물건을 사고팔고 했었다. 그래서 마을 부녀회에서 마을 구판장에 구멍가게를 열곤 했는데 우린 그런 곳에 물건을 갖다주며 장사를 했다. 하루하루 루트를 정해 오늘은 이 동네, 내일은 저 마을로 정해놓고 일을 했다. 한 달 정도 사장님을 따라다니며 일을 배우다 보니 나 혼자서도 물건을 팔게 되었다.

혼자 다니면서 물건을 팔기 시작하자 살짝 매출에 대한 책임감이 생겼다. 사장님과 함께 다닐 때보다 매출이 적으면 일을 열심히 안 한 것 같을 테니 어떻게 하면 더 많이 팔 수 있을지 고민하기 시작했다. 마을에 있는 대폿집, 즉 소주와 맥주, 막걸리를 파는 집에 조금 더 저렴하게 팔아서 많이 팔 방법을 생각해냈다. 박리다매! 즉 조금 덜 받아도 많이 팔면 이익이 남는다는 것을 어린 시절의 경험을 통해서 난 알고 있었던 것이다. 이렇게 해서 나의 영업성과는 점점 더 좋아졌고, 사장님은 나를 더욱 신뢰하게 되었다.

그 집에서 먹고 자고 하며 지내다 보니 출퇴근 시간이 따로 없었다. 새벽에 일어나서 그날 걷어온 공병과 박스 정리를 하고, 물건을 싣고 나가서 팔고 오는 생활이었다. 그때는 소주와 맥주짝이 나무로 되어 있어서 지금보다 두 배는 무거웠다. 소주는 삼학소주가, 맥주는 오비맥주가 최고로 잘 팔리던 시절이었다. 하지만 선양소주와 이잰백맥주는 잘 팔리지 않았다. 선양이나 이잰백은 신생기업이라 인지도가 떨어져서 판매가 저조했던 것이다. 그래서 나는 비교적 작은 술집인 대폿집에 가서 조금 더 싸게 팔아주며 거래를 했다. 이런 곳은 술 마시러 오는 사람들도 서민이라 조금이라도 싼 게 더 좋기 때문이다. 대폿집 주인들도 술을 다른 곳보다 싸게 주니 구매를 마다할 이유가 없었다.

그 당시 영업감찰이라는 것도 있었는데, 지금의 사업자등록증 같은 것이었다. 시골 마을 구판장이나 대폿집들은 영업감찰이 뭔지도 모르고 장사하는 곳이 많았다. 규모가 큰 오비맥주 같은 곳은 영업감찰증이 없으면 판매를 안 하기 때문에 나는 그런 곳에 가서 물건을 팔며 디스카운트를 해준 것이다. 문제는 장부였는데 영업감찰이 없는 곳에 물건을 팔면 판매기록을 쓸 수가 없어서 나는 그 매출 분량만큼 영업감찰이 있는 곳에 매출을 더해서 출고와 재고를 맞추는 편법을 쓰기도 했다. 이렇게 머리를 쓰며 물건을 팔기 시작하면서 나는 점점 장사를 잘하게 되었다.

혼자 다니며 물건을 팔 때는 칠성사이다를 취급했는데, 공주 촌사람들은 범양식품에서 나오는 환타와 킨 사이다를 좋아했다. 그래도 내 장사 수완으로 칠성사이다를 많이 팔았다.

# 가난한 총각,
# 부잣집 시골 처녀

그 집에서 트럭을 몰며 지낼 때 점심 밥값 500원과 담배값 100원을 받았는데, 나는 점심값을 아껴서 600원을 저금했다. 한 달이면 18,000원, 10달이면 180,000원이었다. 아침을 든든히 먹고 나가도 무거운 짐을 들다 보면 배가 금방 꺼졌다. 그래서 저녁에 들어올 때는 항상 배가 고팠다. 비록 배는 고팠지만, 돈을 모을 방법은 절약밖에 없었다. 그리고 그때는 보신탕으로 개고기를 많이 먹을 때라 동생 자취방에 개를 한 마리를 사다놓고 식당 밥 남은 것을 가져다 먹이면서 키워 복날이면 장에 내다 팔기도 하며 돈을 조금 더 모으기도 했었다.

천억을 버는 비법 중 하나는 절약이다. 티끌 모아 태산이란 격언은 그냥 나왔겠는가? 백 원이 열이면 천 원, 만 원, 수십억이 되는 것이다. 어릴 적부터 절약은 내 인생의 철칙 중 하나였다. 그렇게 돈을 모으며 열심히 일하던 어느 날, 나는 동생이 자취하는 집에 옷을 갈아입으러 갔다. 주인아주머니께서 나를 보자마자 반색하며 부르셨다.

"총각, 잘 만났네! 있잖아, 내게 조카딸이 있는데 한번 만나봐. 집도 엄청 부자라서 그 집에 장가만 가면 한 밑천 두둑이 해줄 거야. 만나볼 거지?"

"아주머니, 말씀은 감사한데 제가 가진 게 쥐뿔도 없어서 결혼은 꿈도 못 꿔요. 남의 귀한 딸 데려다가 고생시킬 일 있나요?"

갑작스러운 중신에 당황이 되기도 했지만 나는 내 형편에 집도 가난해서 결혼은 생각해보지도 않았다. 정말 그때는 운전수 생활로 가정을 꾸려 아내를 행복하게 해줄 자신이 없었고, 나처럼 자식을 가난하게 키우고 싶지가 않았다.

"그러지 말고 한번 만나만 봐. 나 약속 잡는다. 알았지?"

결국 아주머니의 권유로 체면을 세우기 위해 그녀를 만나기로 했다. 일 끝나고 작업복 차림으로 마당에서 기다리며, 너무 갑작스러운 만남에 마음이 어수선했다. 그때 그녀가 나타났다.

"안녕하세요. 조병원이라고 합니다."

"네, 안녕하세요."

서로 수줍게 인사를 하며 얼굴을 마주 보았다. 그녀는 완전 촌스러웠고, 일을 많이 한 듯 피부가 검게 탄 듯했다. 사실 나는 찢어지게 가난한 집에 신물이 났고 굶주림에 시달리며 살아서 그런지 결혼은 잘 사는 여자 집에 데릴사위로 가는 것이었다. 지금도 아내에게 그 얘기를 하며 웃곤 하지만 사실 내 진심이 그랬었다. 똑똑하고 현명하거나 기술이 있어 사회생활 능력이 있거나 아주 부자이거나, 이런 여자를 원했었다. 그러나 처음 본 아내의 인상은 내 이상형과는 완전히 달랐다.

## 철없는 나,
## 가정을 꾸리다

그날 저녁, 그녀를 처음 보고 이야기를 조금 나누다 나왔다. 이튿날 출근해서 일하고 있는데, 동생 자취집 아주머니께서 찾아오시는 것이었다.

"우리 조카딸이 자네가 마음에 든대. 한 번만 더 얼굴 보고 싶다고 하네. 공주에서도 차도 안 다니는 시골에 살아서 집에 돌아가기 전에 자네를 한 번 더 보고 가겠다고 집에 안 가고 여전히 내 집에 있다네. 한 번만 더 봐주게나."

나는 기다린다는 말에 거절하는 것도 미안해서 저녁에 만나겠다고 했다.

"잘 생각했어. 부잣집이니까 그 집에 장가들면 사는 건 걱정할 거 없어. 쌀도 대줄 거고."

사는 건 걱정할 것 없다는 말에 사실 나도 솔깃해지는 자신을 감출 순 없었다. 게다가 여자가 내가 마음에 든다고 하니, 나도 딱히 싫지는 않았다. 시골 처녀라서 생활력도 강하고, 일도 황소같이 잘한다고 하고, 도시 여자보다는 낫다는 이런저런 말에 나는 그녀를 다시 만나보기로 했다. 그렇게 마음을 정하자 일은 일사천리로 진행되었다.

선을 보고 한 달 만에 약혼하고, 1977년 4월 7일 결혼식을 올렸다. 예식장에서 하진 못하고 여자 집에서 구식으로 했다. 예식장에서 신식으로 하면 결혼비용을 신붓집과 반반씩 내야 하는데, 내가 돈이 없으니 여자 집에서 내 처지를 감안해서 구식으로 하자고 한 것이었다. 결혼하고 나서 처가에선 있는 것, 없는 것, TV부터 재봉틀까지 신혼살림을 보내왔다. 보증금 10만 원에 월세 3,000원짜리 중신해준 집 옆집으로 신접살림을 차렸는데 집이 너무 작아 농이건, 살림살이건 엄청 많이 해온 세간들을 시골 아버지 집 헛간에 맡겨놓아야 했다.

내 나이 25살, 무슨 철이 있겠나? 우리 마누라는 시골 촌에 살아서 안 그래도 지겨운 시골 농사에 살림까지 도맡아 하고, 밭일하고… 그 일이 너무 힘들어 농사 안 짓는 남자한테 시집가려고 선자리가 엄청나게 들어왔어도 시골로는 시집 안 가겠다 전부 마다했다 한다. 나를 만나고는 가난한 트럭 운전수라도 농사 안 짓는 것이 좋다고 나를 택했다는 것이다. 그때 장모님께서 암수술하고 몸져누워 있으니 초등학교 5학년부터 밥해서 동생들 먹여 학교 보내고, 논이 백 마지기나 되는 일꾼들 얻어 밥해 먹이고, 논일 밭일을 다 했으니 그 작은 몸에 힘도 들만도 했겠다는 생각이 들어 마음이 짠했다. 내가 빨리 성공해서 호강시켜 줘야지 생각했다.

## 세상은 기회로 가득 차 있다

결혼하고 3개월이 지났을 때였다. 하루는 롯데칠성의 주임이 찾아와서 물었다.

"자네가 우리 물건을 많이 팔아줘서 지켜봤는데, 세일즈를 참 잘하더군. 우리 롯데칠성에 들어와서 일할 의사가 있나? 임시직으로 1년 다니면 이후에 정식 직원으로 채용해줄게. 고등학교는 나왔나?"

나는 고등학교 문턱도 못 가봤지만, 이 기회는 놓치면 안 될 것 같은 예감이 강하게 들었다.

"고등학교 나왔습니다."

"그럼 졸업증명서하고 주민등록등본을 7월 말까지 회사로 가지고 와서 영업소장님하고 면접을 보게."

나는 일단 말은 그렇게 했지만, 고등학교 졸업장을 어떻게 해야 하나 고민했다. 그러다 어릴 때 고생하던 때랑 해병 특수교육대에서 배운 말이 생각났다.

"안 되면 되게 하라!"

"무에서 유를 창조하자!"

그날부터 해결책을 찾기 시작했다. 옆집에 고등학교 급사로 다니는 아가씨가 있었는데, 마침 아내를 중신해준 아주머니하고 그 아가씨 집과 친했다. 나는 아주머니께 사실 이야기를 했다. 아주머니는 바로 그 아가씨를 연결해주었다. 나는 그 아가씨에게 이만저만해서 졸업장 종이를 한 장만 갖다 달라고 부탁하자 귀뜸해주었다.

"인쇄소에 가면 졸업장 종이를 팔아요. 우리 학교도 졸업할 때가 되면 거기서 사다가 직인 찍어서 졸업장을 만들어요."

다음날 인쇄소에 가서 고등학교 졸업장 두 장을 달라고 했더니, 인쇄소 사장이 세 장을 주었다.

"선양 대리점에서 왔다니까 반갑네. 졸업장은 여기 있네."

그렇게 졸업장을 얻었지만 직인이 안 찍힌 졸업장은 무용지물이었다. 고심 끝에 시골 면사무소 옆에 도장 파는 초등학교 선배를 찾아갔다.

"형님, 어려운 부탁인 줄 아는데 이 졸업장 직인과 똑같이 좀 파줘요. 좋은 직장 다닐 기회를 놓치기 싫어서 그래요."

"도장 위조는 위험한 일이야. 좋은 기회라니 해줄게. 걸리면 나는 빼라."

우스갯소리를 하며 형님은 직인을 만들어주었다. 지금은 해서는 안 될 일이지만 그때는 이런 일들이 흔했다. 어쨌든 나는 졸업장을 만들어 롯데 대전 영업소에 갖다주었다. 그리고 7월 말부터 롯데칠성에서 근무하게 되었다고 우리 사장님께 말씀드렸다.

"봉급 좀 더 줄 테니 가지 마라. 거기 가면 이용당할 거야. 정식 직원 안 시켜주고 몇 년 부려먹다 짤릴 거야."

"죄송해요, 사장님."

"꼭 가야겠으면 너랑 똑같이 세일 잘할 사람 구해놓고 가."

사장님은 일을 잘하는 나를 보내기 싫어서 이런저런 말로 붙잡았다. 사장님의 완곡한 말에 미안하기도 하고, 난감해진 나는 친구에게 도움을 청했다.

"야, 나 롯데칠성에서 오라는데 가려구 한다. 근데 우리 사장님이 나처럼 일 잘하는 기사 데려다 놓고 가라 하시네. 나는 말일부로 가기로 약속이 되어서 가야 하는데 어쩜 좋으냐? 나 좀 도와줘."

"그래? 가만히 있어봐라. 왕촌에 사는 너도 아는 놈 있지? 그놈이 트럭운전을 하고 싶다고 했는데 어디로 멀리 갔나 알아보고 내일 공주터미널 들어오면 내가 만나서 이야기해볼게."

다음날, 친구가 쪽지를 남겼다.

"오는 즉시 우리 가게로 와라."

쪽지를 보고 얼른 남은 물건을 하차하고 친구 가게로 갔다. 거기서 왕촌 친구가 반갑게 인사하며 나를 맞아주었다. 그 친구를 데리고 우리 대리점 사장님께 갔다.

"사장님, 이 친구는 나랑 무척 친한 친구입니다. 집은 왕촌이고 성실합니다."

"그럼 인수인계 잘해주고 며칠 동안 잘 따라다니게 해."

사장님은 못내 아쉬운 듯하셨지만, 마지못해 친구를 채용했다.

이후에 며칠 동안 나는 그 친구에게 일을 가르쳐 주고 나서 대전 롯데칠성으로 출근했다. 마누라에게는 통보하듯이 말했다.

"나 대전 큰 회사로 스카웃돼서 당분간 집에 못 들어온다."

혼자 지낼 새댁의 마음 하나 짐작도 못하고 난 말 한마디 통보하듯 떠났으니 지금 생각해도 참 멋대가리 없고 철없는 남편이었던 것이다.

# 아내의 눈물이 나를 성장시키다

아내를 뒤로하고 대전에 도착했다. 짐을 풀자마자 나는 세일즈 일을 시작했고, 저녁이 되어서야 비로소 현실을 실감했다. 낯선 도시에서 당장 밥 먹을 곳과 잠잘 곳을 찾아야 했다. 일단 배고픔부터 달래려 길가의 작은 식당에서 저녁을 간단히 해결한 후 나는 영업소로 발걸음을 옮겼다.

"저… 창고장님, 제가 오늘 공주에서 왔는데요. 당장 지낼 곳이 없어서 그러는데 집 찾을 동안 창고에서 좀 지내도 될까요?"

나는 영업소의 창고장에게 사정을 설명하고 부탁을 했다.

"오늘 처음 입사하셨다구요? 아이고~ 공주에서 오느라 고생 많으셨겠어요. 당분간 창고에서 천막 깔고 며칠 머무르셔도 됩니다."

그는 말을 이어갔다.

"그러나 물건이 없어지면 책임지셔야 해요. 그리고 밖에서 문을 잠글 거라 내일 아침 직원이 열어줄 때까지 나갈 수 없을 텐데, 그래도 괜찮겠습니까?"

나는 고개를 끄덕이며 대답했다.

"지금 제가 찬밥 더운밥 가릴 때가 아니고, 여름이라 괜찮습니다. 정말 감사합니다."

이런저런 이야기를 나누다 보니 그가 나의 해병대 선배라는 사실을 알게 되었고, 그 사실에 그의 말투는 한층 부드러워졌다. 해병대 동지라는 전우애는 나의 사회생활에 여러모로 큰 도움이 되었던 것이다.

그렇게 하룻밤을 보내고, 아침에 화장실에서 세면을 마친 후, 바로 배정받은 루트인 대전 가양동부터 석남동, 홍두동, 신탄진까지의 영업을 시작했다. 회사에서는 임시직이지만, 나는 공주에서 세일즈 경험이 있던 터라 주임님께서 바로 세일즈맨직을 맡겼다. 여름이었기에 사이다는 물론이고, 잘 안 나가는 펩시콜라도 없어서 못 팔 정도로 잘 팔리고 있었다.

우리나라 음료산업은 1950년 5월 동방청량음료가 칠성사이다라는 브랜드로 사이다를 생산, 판매하면서 시작했다. 그 후 60년대까지 레몬라임향을 첨가한 통상 사이다라고 불리는 제품이 60년대 말까지 100여 종 난립하였다. 1968년 코카콜라가 한양식품과 손잡고 국내시장에 상륙했으며, 1969년에는 펩시콜라가 뒤이어 들어왔다. 이 두 회사의 경쟁은 탄산음료 시장을 급팽창시키는 기폭제 역할을 하게 되었다. 국가의 경제규모가 빠른 속도로 확대되기 시작한 1970년대 이후 음료의 소비패턴도 훨씬 다양화

되었다. 1971년 들어 '환타', '오란C' 등의 착향 탄산음료가 개발되었으며, 70년대 중반 '유색음료 유해론'이 대두되어 이들 음료에 대한 수요는 곧바로 개발된 '써니텐'이나 '탐스' 등의 과즙 탄산음료나 과실음료로 흡수되었다. 1975년 해태제과에서 '해태주스'를 시판하기 시작하면서 본격적으로 등장한 과실음료는 1979년 롯데칠성에서 '롯데 오렌지 스카시', '롯데 오렌지 주스' 등을 생산하면서 소비자들의 많은 호응을 받았으며, 그만큼 시장을 놓고 경쟁도 심했다. 나는 이런 음료수 시장의 호황과 경쟁 속에서도 내가 들어갈 틈을 찾아냈고 판매왕을 놓치지 않으며 장사의 기술을 배워나갔다.

대전에서의 생활은 회사 일보다 잠자리와 먹는 것, 기본적인 의식주 해결이 급선무였다. 롯데칠성은 각자 집에서 출퇴근하는 회사이기에, 집이 없던 나는 매일 저녁 잠자리와 밥 걱정이 가장 컸다. 당장 내 코가 석 자라 집에 두고 온 아내는 생각할 여유도 없이 매일을 버텨냈다. 롯데에서 나오는 물건을 싣고 나면 배가 고파 죽을 지경이었다. 일단 한 차 가득 싣고 나와 슈퍼에 들러서 양이 많은 빵 한 줄 사고, 사이다 한 병을 딴다. 병뚜껑을 따서 쭉 마시면, 그 사이다의 시원함이 잠시나마 위로가 되었다. 회사에 들어가 빈 병을 채워 넣고, 저녁엔 남은 빵으로 때웠다. 슈퍼나 구멍가게에 사이다를 팔러 들어가면 집 안에서 풍기는 구수한 밥과 된장찌개 냄새가 배를 더욱 고프게 만들었다. 아내가 있으니 월급이 얼마나 나올지는 몰라도, 가장으로서 그 돈을 아내에게 주어야 해서 이 악물고 절약하고 아끼며 살던 때였다.

그렇게 몇 개월 동안 고생하며 일했는데, 어느 날 아내가 혼자 지내기 힘들다며 시골 아버지 집으로 들어갔다고 했다. 아내도 볼 겸 하루 휴가를 맞아 시골에 가니 아내가 한없이 눈물을 흘렸다. 우리 엄마가 너무 무섭다며, 나를 보니 그간 서러움이 북받쳤는지 그렇게 한참을 우는데 너무 안쓰럽고 미안했다. 내가 아내를 홀로 두고 간 것이 큰 잘못이라는 것을 그때야 알았다. 옛날 노인네들은 며느리 구박이 참 심했다. 오죽하면 '시'자가 들어가면 시금치도 안 먹는다고 했을까? 뭐 좀 잘못하면 막말로 욕을 하고 그랬던 시절이었다. 48년이 지난 지금도 아내는 시어머니께 시집살이 엄청나게 했었다며 그 시절을 떠올리곤 한다.

나는 바쁜 일정 때문에 몇 개월 만에 찾아갔는데도 하루저녁도 못 자고 얼굴만 보고 대전으로 다시 돌아가야 했다. 아내는 그런 내가 얼마나 야속했을까? 그저 면발치에서 눈물만 흘리고 있었다.

'내가 괜히 이 사람을 고생시키는구나…'

내가 가장인데 자리도 제대로 못 잡고 있어 죄책감이 컸다. 빨리 돈을 모아서 아내를 데려와야겠다고 다짐했다. 임시직이었지만 열심히 일하였고, 다행히 판매도 잘 되어 첫 월급이 15만 원이나 되었다. 아내를 대전으로 데려오려면 전세금을 어느 정도는 마련해야 하는데, 얼추 계산을 해보니 몇 개월 동안 받은 월급과 공주에서 모은 10만 원을 더하면 방 한 칸은 얻을 수 있겠다 싶어 10월에 50만 원짜리 전세방 한 칸을 얻었다. 그리고 마침내 아내를 대전으로 데려왔다. 그때 기뻐하던 아내의 모습이 지금도 떠오른다. 나도 아내와 함께 지내니 잠자리와 밥 걱정은 자동으로 해결되었고, 무엇보다 가정이 있다는 안락함이 마음을 편하게 했다.

직장은 아내가 정성스레 준비한 아침을 먹고, 점심은 도시락을 싸서 다녔다. 저녁에 일이 끝나고 집에 돌아오면 아내가 해놓은 따끈한 밥과 구수한 된장국을 먹는 것이 얼마나 행복했는지 모른다. 사람 사는 것 같았다. 행복이란 건 먼 데 있는 게 아니구나 하는 생각이 들었다. 창고에서 생활하는 동안 모기는 왜 그리 많은지, 사이다나 오렌지가 설탕물이다 보니 모기가 엄청 많았다. 그때를 생각하면 아내와 함께하는 순간은 정말 천국이었다.

연애기간도 없이 결혼해 데이트다 뭐다 달달한 시간을 아내와 가져본 적이 없었다. 대전에서 함께 생활하게 되면서 처음으로 짜장면과 탕수육을 사먹었는데, 너무 맛있어서 그때 짜장면 그릇을 혀로 싹싹 핥아먹기까지 했다.

"정말 맛있어!"

아내도 그 맛에 눈이 반짝였다. 아내도 난생처음 짜장면과 탕수육을 먹어본 것이다. 선을 보고 약혼하고 다방에 데리고 가서 커피를 시켰을 때도 아내는 커피를 처음 마셔봤다고 했었다. 시골에서 나고 자란 아내는 24살까지 짜장면과 탕수육을 모르고, 커피도 몰랐다. 그런 아내를 결혼하면서 시집에 데려다 놓고 몇 개월을 고생시켰으니 정말 나는 철이 없었다.

여름이 가고 가을이 오니 음료수 장사는 비수기로 접어들었다. 그렇게 없어서 못 팔던 음료수가 서늘해지니 팔리지 않았다. 비수기가 오니 회사에서는 은근히 압박이 시작되었다. 목표량이 주어졌으나, 판매실적은 떨어졌다. 더군다나 오일 파동이 나면서 회사에서는 음료수 공병 하나 만드는 데 원가가 55원이 들어간다며 공병이 없는 음료수는 팔지 말라는 지침이 내려왔다. 참으로 난감했다.

　나는 코카콜라에 가서 콜라병과 우리 칠성 사이다 병을 교환하며 공병에 음료를 채워 판매를 하기 시작했다. 코카콜라 측도 공병이 없으면 음료 단가를 맞추기 힘든 것은 우리 롯데칠성과 같은 입장이었기에 서로 윈윈하는 방법을 택한 것이다. 나의 노력과는 별개로 계절과 국제변화 등으로도 회사가 힘들어질 수 있다는 것도 배우게 되었다. 그때 어떻게 대처해야 하는지도 배워나갔다.

　한때는 없어서 못 팔았는데 목표량을 못 채우면 그 달 말일은 밤 12시까지라도 목표량을 채워야 집에 올 수 있었다. 하지만 나는 그 시기에도 좌절하진 않았다. 그때부터 나의 '안 되면 되게 하라', '무에서 유를 창조하자' 이 말을 머리에 넣고 주문처럼 되뇌며 세일즈를 나가곤 했다. 그러나 겨울은 오는데 어느 누가 사이다나 콜라를 많이 받아놓으려 하겠는가? 공짜로 주는 것도 아니고… 그래도 난 묵묵하게 팔고 또 팔러 다니며 추운 겨울 길을 걸었다.

# 첫아이,
# 나의 아픈 손가락

나는 두 아들이 있다. 첫아이인 큰아들은 나나 내 아내에겐 평생의 아픈 손가락이다. 나의 무지와 가난이 멀쩡하게 태어난 아이를 평생 장애를 안고 살게 했으니 그 죄를 어찌 씻을 수 있을까? 아이가 태어난 때로 시간을 돌릴 수만 있다면 나는 무엇이든 할 수 있을 것 같다.

1977년 12월 16일 추운 겨울, 아내의 산고가 시작되었다. 아무것도 몰랐던 나는 아기가 금방 나오는 줄 알고 기다리다 안 나오니 아내 혼자 두고 출근을 했다. 아랫집 아주머니는 고추방앗간을 하는 분이셨는데 출근길에 아내를 부탁드렸다.

"아주머니, 어젯밤부터 애 엄마 산고가 시작됐는데 밤새도록 고생하고 있어요. 그런데도 아기는 안 나오고, 저는 출근을 해야 해서… 혹시 시간 날 때 2층에 좀 올라가서 애 엄마 좀 봐주실 수 있을까요?"

아주머니는 흔쾌히 승낙했다.

"걱정 말아요. 내가 틈틈이 올라가서 봐줄 테니, 일이나 잘 다녀와요."

하루종일 일하는 내내 마음이 불안했다. 나는 퇴근시간이 되자마자 서둘러 집으로 돌아왔다. 저녁 7시가 다 되어 도착한 집에서는 아내가 아직도 고통에 시달리고 있었다. 얼굴은 창백하고, 숨소리는 거칠었다.

"여보, 정말 죽을 것 같아요."

아내의 목소리는 간신히 들릴 정도로 미약했다. 산고는 계속됐고 나는 밖에서 초초하게 아기가 나오기만을 기다리고 있었다. 고추방앗간 아주머니가 다급하게 올라왔다.

"이러다 산모 죽겠어요. 병원을 가든지, 산파를 부르든지 해야겠어요."

하지만 병원에 갈 돈은 없었다. 나는 잠시 고민하다가 산파를 부르기로 결심했다. 하지만 이 순간의 선택은 이후에 평생의 한이 되고 말았다. 다행히 근처에 산파가 있어서 급하게 그 산파를 불렀다. 산파라기엔 손톱은 길었고 매니큐어까지 발라져 있었다. 나는 어딘지 불안한 느낌이었지만 상황이 긴박하니 믿고 맡기는 수밖에 없었다. 산파는 도착하자마자 상황을 살폈다.

"아기가 거꾸로 앉아서 난산이에요. 이제 힘줘야 해요!"

산파는 아내에게 힘을 주라고 지도하며 아기를 조심스럽게 잡아당겼다. 아내는 고통에 찬 비명을 질렀고, 나는 더욱 불안해지기 시작했다. 아내의 비명소리가 방 안을 가득 채웠다. 신파의 손톱은 길고 날카로웠다. 그녀가 아기를 당기는 순간, 그 손톱이 아기의 여린 피부를 긁고 말았다.

"괜찮아요. 이제 걱정 말아요. 아기가 나왔어요."

산파가 아기를 씻기며 말했다. 아내는 출산의 고통에도 아기가 무사히 나와서 안심했는지 희미한 미소를 짓고 있었다.

"고마워요, 정말 고맙습니다."

그러나 아기의 울음소리는 끊이지 않았고, 나는 아기의 상처를 보고 가슴이 찢어지는 듯한 아픔을 느꼈다. 산파는 아무 일도 아니라는 듯 말했다.

"금방 나을 겁니다. 아기가 건강하니 걱정 마세요."

나는 정말 아무 일도 아니길 바라며 아내의 손을 꼭 잡았다.

"수고했어, 여보. 정말 잘했어."

고추방앗간 아주머니도 안도하며 우리를 바라보았다.

"이제 한숨 돌릴 수 있겠네요. 아기가 괜찮아야 할 텐데…"

아내와 나는 고개를 끄덕이며, 우리의 작은 가족이 시작되는 순간을 함께 축복했다. 방 안에는 아기의 첫 울음소리와 함께 우리의 사랑과 희망이 가득 찼다. 어려운 상황 속에서도 우리는 새로운 생명을 맞이하게 된 것이다.

며칠 후 저녁식사를 마치고 아기를 씻기려고 보니 엉덩이에 은행알만 한 커다란 물집이 잡혀 있었다. 물집은 이미 감염이 되었는지 곪아 있었고, 다음날 우리 부부는 아기를 안고 병원으로 갔다. 그때 마침 충남대학교 병원이 개원할 때여서 바로 진료를 받을 수 있었는데, 입원하고 아기는 곧바로 인큐베이터로 옮겨졌다. 의사의 말은 충격적이었다.

"이 물집이 터지면 아기의 생명이 위험할 수 있습니다. 아기는 아직 너무 어려서 아직은 몸 전체가 물로 이루어져 있습니다. 인큐베이터에서 항생제와 소염제를 쓰면 점차 나아질 겁니다."

"네, 선생님. 잘 부탁드립니다."

이후에 아기는 인큐베이터에 들어가서 치료를 시작했다. 그러나 그 당시엔 의료보험이 지금처럼 범위가 넓지 않아서 하루 인큐베이터 비용은 감당하기가 만만치 않았다. 한 이틀쯤 지났을 때 대기실에서 어떤 젊은 아주머니가 말을 걸어왔다.

"왜 여기 계세요?"

"아기가 척추에 물집이 생겨서 인큐베이터에 넣고 상태를 보고 있어요."

그러자 그녀는 고개를 끄덕이며 말했다.

"대흥동 시외버스 정류장 옆에 아주 잘 보는 병원이 있어요. 그런 병은 금방 수술하면 되는데, 여기선 무조건 인큐베이터에 아기를 집어넣고 돈만 뜯어가려는 거예요. 빨리 아기 퇴원시키고 그 병원으로 가보세요."

안 그래도 비싼 인큐베이터 비용으로 걱정이 커가던 찰나에 그녀의 말은 정말 그럴듯하게 들렸다. 물집이 잡혀 곪은 곳만 쭉 째고 물만 짜내면 될 것 같았다. 나는 결심을 굳히고 의사에게 퇴원을 요청했다.

"이거 터져서 세균이 들어가면 생명이 위험합니다. 퇴원은 불가합니다."

의사는 단호하게 퇴원을 막았지만, 나는 퇴원을 강행했나. 바로 아기를 데리고 그 아주머니가 말한 병원으로 갔다. 그리고 바로 다음날 수술을 받기로 했다.

"잘 좀 부탁드립니다."

나는 초조한 마음으로 사정했다. 수술은 금방 끝났다. 수술이 잘 됐다는 말을 듣고 나는 한숨을 돌릴 수 있었다. 나중에 알게 된 사실이지만, 그 병원은 주로 교통사고 환자들을 받는 곳이었다. 아기가 가서는 안 되는 곳임을 그때 알았더라면 하고 후회를 지금도 매일 한다.

수술을 마치고 입원실에서 지내던 중 의사가 회진을 왔다. 그는 단지 아기의 발바닥 반사신경만 살펴보더니 미소를 지으며 말했다.

"수술이 잘 됐습니다."

"고맙습니다. 정말 감사합니다."

나는 그의 말을 철석같이 믿고는 감사의 마음을 전하며 하룻밤 더 지낸 후 퇴원할 수 있었다. 퇴원 후에도 아기는 밤낮없이 울어댔다. 식은땀을 뻘뻘 흘리며 괴로워하는 모습은 차마 눈 뜨고 볼 수 없을 정도였다. 병원에 다니면서 상처는 점차 나아졌지만, 아기의 울음은 그치지 않았다. 몸에서 나는 항생제 냄새는 사라지질 않았고, 대소변은 아직 아기라 못 가리는 것은 당연했지만, 더 걱정인 건 아기가 말을 못 알아듣는 것이었다.

'아직 어리니까 소변이나 대변을 싸는 건 당연한 거겠지. 말귀는 좀 늦게 트이는 아이들도 많으니까 점점 나아지겠지.'

나는 애써 그렇게 생각하며 아기의 울음을 달래곤 했다. 하지만 아기의 괴로워하는 모습을 보며 내 마음은 찢어질 듯 아팠다.

그렇게 아기가 두 살이 될 때까지 우리는 끊임없이 병원을 오가며 지낸 것이다.

아기가 아픈 어려운 시간 속에서도 나는 열심히 일하며 판매실적을 올려 판매왕까지 도맡아 했다. 성과를 인정받아 회사 표창장도 받고, 정직원으로 승진도 됐다. 어릴 적 떠돌이 생활을 하며 고생하던 생각을 하면 지금 이 직장이 나에겐 최고의 직장이었다. 판매실적이 올라가는 만큼 수당도 늘었으며, 나중엔 우리 영업소에서 급여를 최고 많이 받는 직원이 되었다. 그 당시 나는 아이를 위해서나, 가족을 위해서 내가 할 수 있는 일은 최선을 다해 일하는 것이라 생각했었다.

# 위기는 또 다른 기회

몇 년이 그렇게 흐르고, 나는 드디어 서울 본사로 발령이 났다. 영업소 내에서는 다들 내가 서울 본사에 아는 사람이 있는지 물어보곤 했었다.

"너 혹시 서울 본사에 높은 사람 아는 사람 있어?"
"서울 본사? 아유~ 임시직으로 온 내가 무슨 인맥이 있겠어?"
"에이~ 그거 거짓말 아니야?"

1979년 1월 9일 롯데칠성 서울 본사, 강남구 서초동 1번지!
가슴 뛰는 본사로의 첫 출근!
새벽부터 서둘러 올라와 아침 조회시간에 맞춰 사무실에 들어갔다. 본사 3영업소 소장님이 나를 보며 물었다.

"대전서 올라왔어요?"
"네, 지금 막 도착했습니다."

소장님은 축하한다고 하시며, 앞으로 같이 열심히 일하자고 격려해주셨다. 강남구는 신설된 구인데 판매가 부진해 판매왕 조병원을 특별히 본사로 올려 강남구를 살리기 위해 발령을 내렸다고 했다. 서울에서 첫날의 루트는 방배동, 동작동, 사당동, 서초동, 반포동 고속터미널이었다. 그 당시 서울은 가게가 드문드문 있고, 거의 시골 마을 같은 분위기였다. 여기저기서 마치 건물 짓기 대결이나 하듯 건축 공사가 한창이었고, 비가 오면 황톳길이 질퍽거려 장화 없이는 다닐 수 없는 곳이었다. 강남의 회사 땅은 처음에 작은 공장이었는데, 판매가 늘면서 그 주위 땅을 사들여 공장이 점점 커지게 되었다고 했다.

조회시간에 상무님이 직원들에게 말했다.

"여러분들이 사이다를 많이 팔아서 이 땅을 샀습니다. 다 여러분들의 노력 덕분입니다. 앞으로 더 파이팅합시다!"

그날 계장님과 조수와 함께 서울을 한 바퀴 돌며 루트를 파악했는데, 촌놈이 서울에 오니 모든 게 낯설고 어리둥절했다. 그날 내가 느낀 점은 대전에서는 사람들 사이의 정이 있었는데, 서울 사람들은 시골과는 다르게 아주 실속 있고, 그만큼 차갑고 냉정하다는 생각이 들었다. 그날 저녁, 나는 잘 곳과 먹을 곳이 없었다. 대전에서는 아내가 밥을 해주었는데, 서울에서는 참 난감했다. 그래서 계장님께 전화했다.

"계장님, 제가 아직 방을 못 얻었는데 회사 내에 잘 곳이 없을까요?"

"잘 곳? 춥더라도 임시방편으로 강당에서라도 자봐."

강당에 가보니 천장은 어마어마하게 높고, 마룻바닥이 엄청 넓었다. 강당을 둘러보다 모포 한 장을 발견하고는 반 깔고 반 덮고 누웠다. 공간이 커서 그런지 너무 추웠다. 새벽에 일찍 일어나 화장실에서 세면을 하고 수건도 없이 말리며 아침을 맞았다. 구내식당은 항상 열려 있어서 밥은 쉽게 해결이 되었다. 식권은 하루 점심 한 끼로 한 달 25장이 나온다. 아침저녁은 식권이 없어서 얻어먹기도 했다. 다음날 계장님이 여름 나일론 이불 하나를 가져다주셔서 감사하게 덮고 잤다. 그때를 생각하면 얼마나 추웠던지 지금도 가끔 농담하곤 한다.

"그해 겨울은 몹시 추웠다네."

한 달 정도 지나자 루트를 파악하게 되었다. 당시에도 공병이 없으면 사이다를 못 팔게 했다. 중동 이란의 왕이 미국으로 망명하면서, 이에 이란과 미국과의 국제관계가 심각하게 나빠졌다. 그런 연유로 이란에서 기름을 안 팔아주니 오일 파동으로 전 세계가 힘든 시기였다. 그 여파는 회사도 피해 가질 못했는데, 물가가 너무 올라서 공병 제작단가 역시 오르게 되었고, 결국 공병 제작을 줄이게 되었다. 그러자 공병이 귀해져서 음료수를 팔기가 어려워졌다. 대전에서의 상황과 똑같은 일이 벌어진 것이다. 내가 누구인가? 이제 판매왕 조병원이 나설 때가 된 것이었다.

"코카콜라 공장이 독산동에 있다던데, 거기서 공병을 가져와야겠어요."

세일즈맨들에게 코카콜라 공병도 실어 오라고 지시했다. 미리 알아보니 고물상은 모든 음료수 회사 사람들이 이미 다 훑고 갔고, 가게에선 음료수 병값을 지불하고 거기에 음료수를 채워 더 비싸게 판매하고 있었다. 일반 사람들도 음료수 마시고 공병을 가져오면 가게에서 50원을 주는 방식으로 공병을 수거하고 있었다. 그러니 우리 같은 음료수 업체가 다량으로 공병을 수거하는 데는 한계가 있었고, 영업에 직격탄을 맞았다.

나는 대전에서의 상황을 다시 떠올리며 해결책을 찾기로 결심했다. 일단 코카콜라 공장을 찾아가 보았다. 아니나 다를까 거기엔 칠성사이다, 오렌지, 펩시, 코카콜라병 할 것 없이 병이란 병이 산더미처럼 쌓여 있었다. 나는 "바로 이거다!"라며 흥분을 감추지 못하고 소리쳤다. 바로 빈병 책임자를 만났다. 코카콜라병을 가져온 만큼 우리 병을 주겠다고 했다.

"코카콜라 공병도 실어 오라고요? 어이가 없네요."

"시키는 대로 해요."

직원들은 이해는 안 됐지만 책임자라 시키는 대로 하는 수밖에 없었다. 그 외에도 주위에 공사현장이 많아 현장 함바에 음료수를 싸게 팔아주고 병은 모두 우리가 수거하는 방식으로 목표량을 채웠다. 하루는 슈퍼 주인에게 제안했다.

"사장님, 지금 고물상 가서 공병을 사다가 음료수를 받으시죠? 제가 음료수를 원하는 만큼 줄 테니 병값을 저에게 주세요."

"좋아요. 여기저기 안 다녀도 되니까 편하겠네요."

서울에서는 칠성사이다가 코카콜라보다 더 잘 팔렸다. 반포동 한신8차 아파트 옆에 서림공병이라고 규모가 큰 고물상이 있었다. 거기도 놓칠 수 없는 판매처이기에 찾아가 협상을 시작했다.

"코카콜라에서 나오는 병은 40원, 칠성사이다 병은 50원을 쳐줄게요. 어때요?"

"좋아요. 그렇게 합시다."

큰 슈퍼는 한 번에 100박스씩 음료를 가져가기에 공병과 음료수를 한꺼번에 판매할 수 있었고, 코카콜라병은 개수대로 우리 병으로 가져올 수 있어 일거양득(一擧兩得)이었다. 이후 공병 100% 회수에 음료 판매량까지 늘어나서 나는 서울에서도 판매왕이 되었다.

1,000억을 꿈꾸는 사람들에게 말하고 싶다. 어려운 일은 해결하고 보면 그 해결책이 멀리 있는 것이 아니라는 것을! 주위를 관심 있게 보고, 불가능을 가능하게 만들 기회를 잡는 것이다. 즉 좀 더 부지런히 움직이고 연구해야 한다는 말을 하고 싶다.

1월 9일. 서울로 올라와서 보낸 서울의 겨울은 정말 추웠다. 그때는 비누로 씻는다는 생각도 못하고 그냥 화장실 가서 찬물로 머리 감고 이빨은 닦는다는 건 잊어버리고 살았었다. 회사 제복을 입으면 되니 옷은 갈아 입어본 기억이 없고 팬티도 몇 개월 그냥 입고 목욕은 꿈에도 생각을 못했다. 그렇게 강당에서 추위에 떨며 지내던 나는 어느 날 회사 건너 진흥아파트 현장 경비에게 사이다 몇 병을 주며 부탁했다.

"저… 사실 여기 칠성사이다 직원인데요, 대전에서 올라와서 잘 곳이 없어요. 입주할 때까지만 잠만 자고 물도 안 쓰고 조용히 나갈게요."

"기다려보세요."

경비대장이 와서 자초지종을 듣고는 허락해주었다.

"밤 10시 넘어서 들어와서 아침 6시에 나가세요."

그때는 얼마나 고마웠는지 모를 것이다. 그렇게 10일 정도는 행복하게 잤지만, 입주가 시작되니 이곳도 더 이상 올 수가 없었다. 이렇게 많은 집이 있는데 이 몸 하나 편히 누일 곳이 없다는 생각에 잠시 힘도 빠지고 서글픈 생각이 들었다. 아파트에서 지내 보니 옷을 다 벗고 있어도 땀이 날 정도로 따뜻한 방에 좋은 시설들을 보고는 이 아파트가 내 집이면 얼마나 좋을까 생각했다. 그리고 자식들한텐 가난을 대물림해선 안 된다는 생각이 더욱 확고해졌다. 그 당시에는 일단 어떻게든 돈을 모아 빨리 집을 구해야 했다. 왜냐하면 아내와 아이도 대전에서 데려와야 했기 때문이다.

4월이 되어 방 얻을 돈이 모였다. 서초동 회사 근처를 돌아다녀 보니 200만 원은 줘야 방을 얻을 수 있었다. 대전 전세금 50만 원과 모아둔 100만 원으로 180만 원짜리 작은 방 하나와 옥탑방을 얻었다. 몇 달 만에 아내에게 연락해, 이삿짐을 서울로 옮기도록 하고 마침내 상봉했다. 이때 돈이 모자라서 이사 못할 뻔한 걸 아버지의 도움으로 우여곡절 끝에 이사할 수 있게 되었다.

# 가난과 무식이 무서운 이유

서울에 오고 나서도 아이는 아픈 것처럼 계속 울었다. 대전에 아내랑 있을 때도 밤낮으로 괴로워하며 울었다고 한다. 아내는 하루가 멀다고 아이를 병원에 데리고 다녔다. 기관지까지 안 좋아 폐렴으로 입원하기도 했다. 그때는 MRI와 CT 같은 첨단장비가 나왔을 때였다. 그걸 찍어보니 아이의 신경 여러 부분이 다 끊어졌다고 했다. 아기 때 수술이 잘못되었던 것이었다.

우리 부부의 노력에도 불구하고 아이는 7살이 되도록 나아지지 않았고, 결국 소리를 듣지 못하는 상황까지 오게 된 것이다. 대소변 역시 스스로 할 수 없는 장애를 갖게 되었다. 이 아이를 이렇게 만든 건 나 때문이란 자책감이 마음속에서 떠나질 않았다. 그 당시 아내가 산고를 시작할 때 출근하지 말고 병원에 데려갔으면, 산파를 부르지 말고 바로 병원으로 갔었으면, 대학병원 의사 말을 믿고 치료를 받게 했었으면 하는 끝없는 후회가 나를 힘들게 했다. 그 자책은 병원에서 만난 병원 브로커 여자와 돈에 눈이 멀어 무조건 수술만 한 정형외과 원장에게까지 분노를 갖게 만들었다. 나는 그 길로 병원으로 찾아갔지만 그 원장은 죽고 없었다. 나는 책임을 물을 사람도 이 세상에 없다는 사실에 더 절망했다.

우리 부부는 이 아이에게 헌신하기로 하고 둘째를 갖지 않기로 했다. 이후에 이 사실을 알게 된 아버지가 올라오셨다.

"야, 이놈아! 그렇다고 자식을 안 낳으면 어떻게 하냐? 이 애는 내가 데려가마."

그날 아버지는 아들을 시골로 데려갔다.

어느 날 아들이 보고 싶어 시골에 가보니 아들이 없었다.

"아버지, 애 어디 갔어요? 왜 애가 없어요?"

"찾지 마라."

그게 무슨 소리냐며 펄펄 뛰는 나에게 아버지는 사실대로 털어 놓으셨다. 아버지는 애들 데려간 그 길로 동생에게 연락해 홀트아동센터에 보내버린 것이다. 그 당시 장애아들은 수치스러운 일로 집에서 몰래 키우거나 버리거나, 혹은 해외로 입양 보내는 일이 다반사인 시대였다. 나는 바로 서울 홀트아동복지에 전화를 걸어 물어보았다.

"혹시 7살 먹은 남자아이 거기 들어왔나요?"

"여관방에서 울고 있는 애를 데려왔어요."

내 동생에게 자초지종을 물어보니, 여관방에 아들을 놓고 전화를 걸어 아이를 데려가라고 했단다. 나와 아내는 서둘러 일신으로 향했다. 우유와 음료수 몇 박스를 가지고 후원하러 왔다고 말하고 아들을 찾아보았다. 거기에 내 아들이 있었다. 아들은 우리를 알아보고 웃었다. 말을 못하니 그냥 얼굴만 보며 웃었다. 나는 가슴이 미어지고 내가 이 아이에게 또 죄를 짓는구나 하는 생각에 눈물이 하염없이 흘렀다. 담당 보호사는 김유아라는 여자였다. 정신을 차리고 그녀에게 사실을 털어놓았다.

"사실, 저 아이가 우리 아들입니다. 동생이 상의도 없이 데려다줬는데, 다시 데려가고 싶습니다."

"지금은 당장 데려갈 수 없어요. 데려가려면 돈을 내야 해요."

우리 부부는 당장 돈이 없어 눈앞의 자식을 두고 돌아올 수밖에 없었다. 아내는 목 놓아 울었고, 그런 아내를 보며 난 가슴이 또 한 번 무너졌다. 다행히 그 보모 집이 서울이라 서울 집에 올 때마다 아들을 데리고 와서 하룻밤 데리고 자고, 또 보모가 센터로 데리고 가는, 그렇게 한 3년을 보냈다. 나는 아이를 보낼 때마다 죄짓는 마음이 들었고, 가기 싫어도 손잡고 끄는 대로 따라가는 아들을 보니 이젠 데려와야겠다는 결심이 들었다.

돈을 모아 김유아 보모에게 애를 데리고 오려면 얼마가 드는지 알아봐 달라고 부탁했다. 당시 돈으로 35만 원이었다. 그 돈을 주고 아들을 다시 데려왔다. 서울로 데려온 후 맹아학교에 보내 청각장애인들과 함께 공부하게 했다. 이후 효자동에 있는 학교에서 중학교와 고등학교를 졸업했다. 나는 아들을 위해 할 수 있는 모든 것을 다하려 했다.

아들은 장애가 있을 뿐이지 머리가 아주 명석했다. 학교에서 배워 지금도 컴퓨터를 조립해서 팔기도 하고, 수리도 하며 생활도 하고, 걷고 등산도 다니고, 내 일도 다 도와주고 있다. 단지 듣지 못할 뿐이다. 부모의 속을 아는지, 모르는지 이 아이는 너무나 착하다. 그때의 우리 가족은 고통 속에서도 희망을 놓지 않았다. 이제 아들은 자신의 삶을 잘 살아가고 있고, 나는 그 아이를 보며 여전히 미안함과 사랑과 희망을 느낀다. 그리고 아직도 죄스럽다.

# 사업의 시작과 함께
# 펼쳐진 나의 날개

　오일 파동 때 올린 성과로 회사 내에서 꽤 정평이 난 나는 내부 관리직으로 발령을 받았다. 내부관리라 일은 편하고 좋지만, 판매수당이 없으니 영 탐탁지 않았다. 판매부서에 있을 때와 비교해서 수입이 터무니없이 적었기 때문이다. 그 당시엔 아이도 홀트아동복지에 있을 때라 빨리 더 벌어서 아이를 데려오겠다는 생각에 다시 영업직으로 보내 달라 회사에 요청했지만, 회사에서는 조금만 참고 일하면 호봉도 오르고 진급되면 훨씬 좋을 것이라고 만류했다.
　나는 선택을 해야 했다. 내 성향상 편하게 앉아 주는 고정된 월급을 받고 안주할 타입이 아니라는 것과 이렇게 벌어선 절대 큰돈을 벌 수 없다는 걸 알았다. 그래서 두 번 고민도 안 하고 회사에 사표를 냈다. 그 당시 아버지께서는 봉급도 많고 남들 다 가고 싶어 안달하는 본사 관리직을 마다하냐고 노발대발하셨지만 내 결심은 확고했고 나는 나 자신을 믿었다. 안 되면 되게 하리라! 반드시 무에서 유를 창조하리라!

1979년 10월 29일, 나는 사표를 던지고 내 자신을 믿고 세상에 도전하기로 마음먹었다. 일단 지금까지 해오던 일이자 제일 잘하는 일인 공병 장사부터 시작했다. 사표를 쓴 다음날부터 사업할 빈 땅을 보러 다녔다. 방배동, 동작동, 사당동을 오가며 땅을 찾아다니던 어느 화창한 아침, 나는 햇살이 스며드는 차가운 거리 위를 걸으며 새로운 시작을 꿈꿨다. 익숙한 사무실을 떠나 이제는 더 넓은 세상을 향해 나아가기로 결심했다.

그렇게 한참을 돌아다니다 마침내 집을 구했다. 지하층의 작은 방이었다. 일 층은 교회였고, 지하는 물을 펌프로 끌어 올려야 했고, 화장실은 일 층 교회를 이용해야 했다. 참 열악한 환경이었지만, 내게는 새로운 시작의 장소였다. 그 당시 방 하나 얻는 일도 쉽지 않았다. 총 퇴직금과 적금, 그리고 방 보증금을 다 합쳐 겨우 660만 원! 지하방 전세를 백만 원에 얻고 빈 공터를 찾아다녔다. 하지만 마땅한 곳이 없어 결국 공병 장사는 잠시 미뤄야 했다.

그러던 와중에 동작동에 점포와 방이 딸린 집이 있다는 말을 듣고 찾아가 보았다. 교회 지하방은 만기가 끝나지 않았으니 부동산에 내놓고 200만 원 전세로 앞에는 약 10평 점포, 뒤쪽에는 창이 없는 방 한 칸을 계약했다. 다행히 교회 지하방은 금방 나가서 한 달도 살지 못하고 동작동으로 다시 이사했다. 정금마을, 사당동 산동네에 붙어 있는 집! 수소는 동작동이었다. 단지 점포가 딸려 있다는 이유 하나만으로 이사한 집은 부엌은 없고, 연탄난로로 방을 데웠다. 아궁이 위에 몇 개의 그릇을 놓고, 빨래와 세면은 옆집 세입자들과 함께 사용하는 화장실에서 해결했다. 그러던 어느 겨울 연탄난로를 켜놓고 잠을 자다가 연탄가스가 새어 나와 아이는 물론 온 가족이 죽을 뻔한 일도 있었다. 방에 창문이 없어 환기가 안 된 탓이었다.

'이겨내야 해!'

나는 가족들을 달래고 나 스스로를 다독였다. 난 가장이니까 어떻게든 견디었지만, 시골에서 널찍하니 부족하지 않게 살아온 아내에겐 서울생활이 무척 힘들었으리라. 게다가 아픈 아이까지 여러 가지로 고생이 많았다.

총 자산 660만 원! 200만 원 집 전세, 트럭 중고 백만 원, 그리고 나머지가 내 장사 밑천이었다. 그동안 세일즈맨으로 일하면서 배운 나만의 방식이 있다.

"무조건 판다. 가짜건 진짜건 무조건 판다!"

내가 다니던 루트의 정보는 내 손바닥 보듯 훤하게 알고 있었다. 누가 영업감찰을 가졌는지 없는지, 어디에 어떻게 팔아야 할지는 이미 파악이 되어 있었기에 주류와 음료수 덤핑 장사를 해야겠다고 결심했다. 점포가 있는 방을 얻은 것도 이 때문이었다.

롯데칠성에서 일할 때, 거래처 사장님들과 유대를 잘 형성해 놓은 것도 큰 자산이 되었다. 각 거래처를 돌아다니며 내가 회사 그만두고 주류와 음료수 덤핑 장사를 시작했으니, 다들 내 물건도 좀 팔아달라고 영업했다. 주류는 오비와 진로, 음료는 코카콜라에 명함을 주고, 칠성은 아는 애가 담당으로 내가 아는 모든 인맥을

동원했다.

　막상 장사를 시작하니 문제가 한둘이 아니었다. 서울에서는 진로소주 아니면 안 팔리는 상황이고, 진로는 덤핑이 한 짝도 나오지 않았다. 그래서 청주를 생각했다. 금복주가 잘 팔리는 지역이라 진로소주가 없어도 장사가 될 것 같았다. 청주에서 삼양수퍼 사장님을 만났다. 삼양수퍼 사장은 롯데칠성에 있을 때부터 잘 알고 지내던 거래처이고, 제법 규모가 큰 곳이기도 했다. 삼양수퍼 사장님과 나는 장사를 아는 사람들이라 얘기가 바로 통했다. 즉 서로 원하는 것이 뭔지 잘 알고 있어 긴말이 필요 없었던 것이다.
　"진로소주는 얼마든지 빼줄 테니, 오비맥주를 갖다줄 수 있겠나?"
　"가져다드려야죠! 최선을 다하겠습니다."
　나는 그렇게 서울에서 오비맥주를 싣고 청주에 내려가서, 오는 길엔 진로소주를 가지고 서울로 올라왔다. 맥주 대리점에서 공병만 있으면 맥주는 얼마든지 준다고 했다. 공병 하나에 50원씩 가격을 쳐서 주기로 하고, 맥주 가격에 공병값을 포함해 받았다. 청주에서 가져온 진로소주는 박스당 배가 넘는 웃돈이 붙어도 없어서 못 팔 상황이었다. 모두에게 위협적이던 오일 파동은 나에겐 오히려 돈을 버는 좋은 시기였던 것이다. 그렇게 거래를 이어갔고, 나는 제법 돈을 벌기 시작했다.
　공병들이 모이기 시작하니 쌓아 놓을 마땅한 공간이 필요했다. 마침 내 가게 앞에 돌 파는 야적장이 하나 있어서 공병을 쌓을 만큼의 면적을 빌려 차곡차곡 쌓아두었다. 특히 공병을 안 채운 박스는 대리점에서 안 가져가다 보니 맥주 빈 박스가 많이 나왔다. 나는 빈 박스까지 야적장에 잘 쌓아두었다. 언젠가는 돈이 될 것이란 확신이 있었다. 그런데 가진 돈이 넉넉하지 않으니 사업을 이어 나갈 자금이 부족해진 것이다. 은행에 빌릴 생각은 해보지도 않고 100% 자기 자금으로만 사업을 해나갔으니 지금 생각해도 참 어리석은 일이었다.

아버지가 남의 밭 소작농으로 평생 고생하며 고리대금이 얼마나 무서운지 귀에 못이 박히도록 얘기를 해와서 남의 돈 쓰는 건 하늘이 무너지는 일인 줄 알았던 터였다.

빈 박스 한 개당 350원인데 실제로 팔려면 250원밖에 안 쳐주니 100원씩 손해볼 수는 없다고 생각하고 차곡차곡 모아두긴 했지만, 사업자금이 모자라 어쩔 수 없었다. 일단 돈을 융통하기 위해 맥주 대리점에 찾아갔다.

"내가 빈 박스 천 개 있는데, 100원씩 밑지고 팔 테니 가져가시오."

다음날 아침 7시쯤 대리점에 물건을 실으러 갔더니, 창고장이 귀엣말로 속삭였다.

"오늘 0시부로 맥주 박스 하나에 천 원씩 출고된다고 공문이 왔어요."

"그래요? 정말 감사합니다."

대리점 직원들은 아침 9시에 출근하지만 7시부터 부지런히 움직였던 나는 두 시간 차이로 귀한 정보를 얻을 수 있었다. 조금 있으니 업무과 직원들이 출근하는 것을 보고 웃으며 말했다.

"박스 그 가격에 못 팔 것 같은데요."

"하하하, 박스값 오른다는 얘기 들으셨군요?"
"들었지요. 박스당 50원씩은 빼줄게요. 950원에 가져가요."
"그럽시다. 부지런하시니 돈을 버네요. 사장님."

야적장에 차곡차곡 쌓아두었던 빈 박스는 그렇게 내 사업 밑천이 되어주었다.

## 간수보다 더 짠 남자

　나는 사업자등록증을 다섯 개 내서 하루에 맥주와 소주를 받을 수 있는 양을 늘렸다. 폐업하고 또 다른 사람 명의로 사업자를 내고, 덤핑으로 무자료로 물건을 받아서 지방으로 내려보냈다. 그렇게 한 달 판매량이 약 2,000박스 정도 되었다.

　사업 시작하는 날 아내에게 말했었다. 맥주 한 짝 팔아야 50원, 100원 남으니 사업이 안정될 때까지는 아껴야 산다고. 콩나물 단돈 10원도 사먹지 말고 살아보자고. 시골에서 김장 많이 했으니 그걸로 견뎌보자고. 아내는 내 말이면 뭐든 잘 따라주었고, 그러자고, 걱정하지 말라고 했다. 그런 아내가 참 고마웠고 고생시켜 미안했다. 그렇게 안 먹고 아끼고 살아보니 머리카락도, 손톱도 길지 않았다. 몸에 영양분이 부족하니 그럴 만도 했다.

　'이렇게라도 살아야 한다.'

　나는 매일 다짐했다.

'가장이니까, 나를 믿고 있는 가족을 위해!'

맥주 박스를 쌓아두고, 공병을 모으고, 물건을 싣고 팔고 또 싣고, 그 반복 속에서 나는 새로운 꿈을 향해 걸어갔다.

맥주 상자값이 오르기 시작했을 때, 나는 사당동과 산동네를 집집마다 찾아다니며 맥주와 소주 빈 박스를 350원에 사겠다고 말했다. 주민들은 그 얘기에 반갑게 말했다.

"얼른 가져가요. 여기 있어요!"

다들 가난하게 살 때라 빈 박스를 돈 주고 사주는 것만도 살림에 도움이 되었을 것이다. 소주 박스는 가격이 그대로였지만, 그 날 수집한 모든 빈 박스는 350원에 값을 쳐줬다. 맥주 상자는 950원에 팔고, 소주와 음료 박스는 야적장에 쌓아두었다. 그때 나는 분명 다른 박스들도 언젠가 오를 것이라는 확신이 있었다. 그래서 빈 박스를 무조건 350원에, 소주와 음료 박스도 원가 350원씩 주고 사들였다. 덤핑 장사는 회전이 빨랐다. 여기서 갔다가 저기다 주고, 모든 게 현찰이니까 말이다.

내 생각이 적중했다. 소주 박스도 개당 350원이 천원이 됐다. 그동안 350원짜리 소주 박스를 모아두었더니 몇 백 개가 된 것이다. 그렇게 해서 갑자기 몇 백만 원이 생기니 물건 받아 파는 데 큰 어려움 없이 돌아갔다. 한 달이 지나 음료수 박스도 천 원으로 올랐다. 그때 마침 내 지역을 담당하는 롯데칠성 세일즈맨이 알려줬다.

"사장님, 사이다값이 15% 오를 예정이래요. 미리 받아놓으세요."

나는 바로 공병 집에 연락해서 병당 10원씩 더 주겠다고 하면서 말했다.

"들어오는 대로 나한테 주세요."

음료수를 몇 백짝 야적장에 쌓아두고 빈 병은 서림공병에서 음료수 공급 수만큼 나오는 대로 내가 가져왔다. 그리고 며칠 뒤 음료숫값이 한 짝에 18%씩 올랐다는 소식을 들었다. 나는 생각했다. 장사라는 게 이런 맛이 있구나. 그래서 더 열심히, 더 기운 나게 새벽 일찍 일어나 차를 끌고 동작동, 서초동, 방배동, 사당동으로 돌아다니며 공병과 빈 박스를 모았다. 반포동으로는 맥주를 많이 팔면서 생각했다.

'분명 맥주, 소줏값도 오를 것이다.'

시골에 계신 아버지께 전화를 드렸다.

"아버지, 5부로 이자 줄 테니 돈 좀 얻을 수 있으면 얻어주세요."

아버지는 면 소재지에서 400만 원을 얻어 보내주셨다. 나는 맥주, 소주, 마주앙, 정종 같은 주류를 돈이 있는 대로 사서 야적장에 쌓아두었다.

그러던 어느 날이었다. 같은 일을 하는 놈이 있었는데, 그놈이 노량진 경찰서 형사과에 고발해서 형사들이 와서 장부를 뺏어갔다. 노량진 경찰서로 오라고 해서 갔더니 형사과에서 나를 데리고 휴게실로 가길래, 나는 물었다.

"당신들이 국세청 직원도 아닌데 무슨 근거로 장부를 뺏어갑니까?"

"신고를 받고 나와서 이제는 국세청으로 이첩시킬 예정입니다."

나는 어이없고 화가 나서 말했다.

"당신네들한테 그러면 뭐가 좋습니까? 같은 동민들 보호는 못할망정 봉사하라고 경찰서 앞에 '시민의 지팡이입니다. 봉사하는 경찰이 됩시다'라는 문구는 왜 써붙였습니까? 아무 이유도 없이 설명도 없이 이래도 되는 겁니까?"

한 형사가 대답했다.

"신고가 들어오면 무조건 사건을 처리해야 하니 어쩔 수 없어요. 그러지 마시고 우리 술 한 잔 하게 돈 30만 원만 주고 장부 가져가세요. 일하는 척이라도 해서 잘 무마시켜 놓을게요."

나는 어쩔 수 없이 돈 30만 원을 주었다. 이쯤해서 마무리를 하는 것이 나에게도 나을 듯했기 때문이다. 형사는 장부를 돌려주면서 고발이 들어와서 안 나갈 수 없었다고 했다. 그렇게 그 일은 해프닝으로 끝났다. 그리고 며칠 후 소주, 맥주, 정종 같은 주류값이 20%씩 올랐다. 나는 12%만 값을 올려 며칠 동안 덤핑으로 지방으로 물건을 실어 보냈다. 매일 벌고 쓰는 것은 기름값 외에 한 푼도 안 나가니 돈이 금방 불어나서 부자가 된 기분이었다. 그리고 드디어 맘 한켠에 늘 쓰라리던 아들도 데려올 수 있었다. 아이까지 데려오니 세상에 부러울 것이 없었다. 이제 더 열심히 일해서 돈 버는 일만 남았다.

어느 날은 청주에서 신고 온 소수와 양주를 싹 도둑맞아 너무 속상해 스트레스를 받기도 했지만, 아이와 아내를 보면 힘이 다시 났다.

'스트레스를 받아봐야 내 몸만 축나지.'

그렇게 생각하며 그날부터 싹 잊어버리고 새벽 다섯 시면 어김없이 일어나 야적장에 쌓아둔 공병을 차곡차곡 정리했다. 아침 먹기 전에 반드시 빈 병과 박스를 정리하는 것을 나의 신념으로 삼았던 시기이다.

사업이 커지며 막냇동생이 고등학교 졸업하고 나의 일을 도우러 서울로 올라왔다. 오토바이를 한 대 사서 반포, 잠원동 터미널, 방배동, 동작동, 사당동을 돌며 맥주, 소주, 음료수를 배달했다. 가게나 술집에 몇 짝씩 주문하는 것은 자전거로 배달했고, 돈을 벌어 즐겁기도 했지만, 하루에 맥주, 소주, 음료수를 몇 천 짝씩 차와 자전거에 실어 배달하는 것은 체력적으로 참으로 힘든 일이었다. 게다가 자전거에 물건을 얼마나 많이 싣고 달렸는지 신호등에 걸려 서 있으면 버스기사도 같이 서서 창문을 내리고 말했다.

"하하하, 다섯 식구는 먹여 살리겠네요."

나는 자전거에 빈 맥주 상자 10개, 맥주는 6개 상자씩 싣고 다녔다. 창고가 동작동 정금마을 앞에 있었는데, 거기서 자전거에 사 홉들이 맥주 6짝을 싣고 반포로 가야 했다. 이수교라는 큰 사거리는 경사가 있어 신호가 떨어지면 죽을힘을 다해 비비며 간신히 고개를 넘었다. 자전거를 타본 사람이라면 내 말을 이해할 것이다. 지금도 한번 일을 시작하면 스파르타식으로 처리한다. 지금 칠십이 넘어도 그 성격을 못 버리겠는데, 외국에 와서 살다 보니 느리고 오래 걸리는 행정에 짜증나고 답답할 때가 많다. 그러나 로마에 왔으니 로마법을 따를 수밖에!

나는 진짜 구두쇠다. 예전 공주에서 선양소주 대리점을 운영하는 사장님이 내게 별명을 하나 지어줬다.

"조 기사는 간수보다 짠 사람이라니까요."

"그게 무슨 소리예요?"

"소금이 짜지요? 그런데 소금을 만드는 게 간수랍니다."

간수보다 더 짠 사람이라면, 세상에서 나보다 더 지독한 자린고비는 없다는 얘기였다. 하루는 동생이 오토바이로 배달하다가 맥주 몇 병을 깨뜨리고 오토바이도 좀 상했을 때, 나는 대뜸 성질부터 부렸다.

"맥주 몇 병이나 깨뜨렸냐?"

그때 아내가 나를 보고 말했다.

"다치지는 않았냐고 물어봐야지 맥주 깨진 것만 나무라고, 너무해요."

그 말을 듣고 생각하니 아내 말이 맞았다. 나는 그제서야 미안한 마음으로 다시 물었다.

"다친 곳은 없지?"

아내랑 동생이 어이없다는 듯이 웃는다.

제3장

# 포기하지 않는 도전과 투자, 천억으로 돌아오다

...

"투자는 자신의 이해력을 믿고 확신을 가지고
행동하는 것이다."

존 메이너드 케인스

# 티끌이 태산이 될 때까지

그때는 나도 모르게 돈을 버는 일이라면 죽더라도 호랑이 굴에라도 들어가자는 생각뿐이었다. 장사를 벌려놓고 보니 주문을 수시로 받아야 해서 전화기를 사야 했지만, 그때 당시 백색 전화기 하나 사는 데 100만 원이 넘을 때였다. 살 수는 없고 월세 내고 빌려 쓰는 수밖에 없었다. 전화를 달아놓고 명함을 주문하려고 을지로 인쇄골목에 갔다. 한 번 주문하면 2천 장 이상 주문해야 조금 쌌다. 인쇄소에서 명함을 받아 동작동부터 방배동, 사당동, 반포동, 잠원동, 서초동까지 동생과 며칠을 돌렸다.

그렇게 여기저기 명함을 돌리니 전화가 오기 시작했다. 그런데 아내가 전화를 잘못 받는 것이다. 평생 그 나이까지 전화를 해보지도, 받아보지도 않았으니 당황스럽고 낯설기도 했을 것이다. 처음 전화를 받는데, 우리도 가끔 잘 안 들릴 때가 있듯이, 아내는 전화 소리가 잘 안 들린다고 했다. 아내가 너무 서툴러서 내 급한 성질에 안 맞았다. 내가 결혼을 잘못했구나 하는 생각까지 들 정도였다. 물건 가지러 가면 사람들이 묻곤 했다.

"저기, 전화 받는 여자분 누구세요? 당장 바꿔야겠어요. 주문하고 싶은데 답답해서 못하겠어요."

"제 마누라입니다. 시골 여자라 전화기를 잘 다루지 못해서 그렇습니다. 이해해주세요. 당분간은 제가 전화 받을게요."

그렇게 말하고 전화 소리가 귀에 익을 때까지 내가 전화 받고 배달을 다녔다. 한 3개월이 지나니 아내가 전화도 잘 받고 세련된 목소리로 잘 응대했다. 그때부터는 나에게 이것저것 배워서, 무엇이든 시키기만 하면 서울 여자 뺨치게 일사천리로 처리했다. 지금도 그렇다. 지난날을 회상해보면 내가 여기까지 온 것도 아내 덕분이다.

사업은 힘들 때도, 기쁠 때도, 슬플 때도 있었다. 이사를 방배동, 동작동, 사당동으로, 옆 동네에서 옆 동네로 14번이나 다녔다. 전세 돈을 조금씩 올리면서 창고가 큰 곳으로, 야적장이 동작동에 있으니까 멀리는 못 가고 근방으로만 이사했다. 그사이 작은아들도 태어났다. 작은아들은 큰애처럼 키우지 않으려고 곱게만 키웠다. 집안 형편도 좋을 때라 둘째는 넉넉하게 키울 수 있었다. 지복은 지가 가지고 태어나는 건지 둘째를 보면 큰애가 더욱 안쓰럽다. 작은아들이 중학생이 될 무렵 나는 뉴질랜드로 유학을 보냈다. 지금 생각하면 큰아들에게 못해준 한을 둘째에게 다 풀려 했던 것 같다. 큰아이에게 향한 죄책감을 덜어볼 자기 위안이었는지도 모르겠다. 그러나 둘째는 둘째대로 나에게 불만이 많은 것 같다. 너무 어려서부터 혼자 둔 것이 아이에겐 외롭고 힘든 시간이었던 것이었다.

식구가 늘어 방배동의 좀 큰 집으로 이사하고, 사업 시작 후 처음으로 방배동 방림시장 근처에서 통닭 한 마리와 생맥주 500cc를 종업원과 함께 근 2년 만에 먹었는데, 그때 그 맛이 지금도 기억에 생생하다. 일을 도와주던 동생이 군대에 가고 나서, 배달 종업원 둘을 두고 나는 트럭으로 차떼기 배달을 했다. 아내는 종업원들과 함께 오토바이, 자전거로 배달하고 돈을 받아오면 계산해서 돈통에 넣어놓았다. 나는 트럭으로 배달했고, 사당동과 반포동은 술집이 많아서 낮에 배달하고 저녁에 수금하러 다녔다. 한 번은 반포 본동의 술집에 아내가 작은아들을 업고 수금하러 간 적이 있었다. 막 태어난 애기를 겨울인데 바람 들어가지 말라고 옷으로 푹 싸서 술집에 수금하러 간 것이다. 그걸 본 바에서 술 먹던 분들이 말했다.

"아이고, 애기 엄마! 아기를 업고 다니면서 일하세요? 얼른 집에 가서 아기 재우세요."

아내는 내가 시키는 일이면 말 그대로 충성을 다해 일했다. 아마 수금까지 마무리해야 일이 끝난다고 생각했을 것이다. 그래서 아기를 둘러업고서라도 일을 마무리하려 했을 거라는 걸 나는 안다. 나는 사당동 쪽으로 수금하러 갔고, 집에 돌아오면 밤 11시 정도였다. 돈통에 돈이 꽉 차서 쏟아놓고 둘이 돈을 셀 때가 가장 즐거웠다. 그렇게 하다 보니 돈이 엄청나게 많아진 느낌이었다.

지금은 카드 결제나 계좌이체로 그렇게 현금을 만져보긴 어려운 세상이라 그 맛을 못 느낄 것이다.

# 아버지의 소원을 이루다

어느 날 시골에 계신 아버지께서 잠깐 다니러 오셨다. 집 앞에 문전옥답이 있는데, 민 씨가 그 논을 모두 판다고 하셨다.

"내 소원이 그런 땅 한 번 사서 농사짓는 건데, 덩어리가 워낙 커서 시골 면 단위에서는 누구도 살 사람이 없다."

"아버지, 그 논이 몇 마지기나 돼요?"

"20마지기야. 거기에다 집도 한 채 있고."

"아버지, 그 논 제가 사드릴게요."

아버지는 믿지 못하는 표정으로 물으셨다.

"네가 무슨 돈이 있어서 그 큰돈을 구할 수 있겠냐?"

"내려가시면 무조건 알아보고 연락 주세요."

다음날 아버지는 내려가셨고, 마누라와 장사하면서 벌어놓은 논을 이야기해보았다.

"얼마인지는 모르지만, 시골 땅이라 비싸 봐야 평당 만 원밖에 더 가겠어?"

내려가신 날 바로 아버지에게서 전화가 왔다. 평당 7,900원이면 팔겠다고 해서, 나는 깎지 말고 무조건 계약하라고 했다. 땅주인이 유구라는 읍 소재지에서 직물공장을 했는데 부도나서 효성에 저당이 잡혀 있어서 서울로 올라온다고 했다. 효성에서 직접 만나 돈을 주고 근저당을 풀자고 제안했다. 나는 오히려 잘 됐다고 생각하고 서울에서 만나 효성 본사로 들어가서 저당을 풀고 잔금을 지불하고는 등기를 넘겨받았다. 그 땅은 내 생애, 그리고 우리 아버지 생애 처음으로 가진 땅이 된 것이었다. 그 땅을 사고 돈을 더 빼내도 사업에는 지장 없이 현금은 충분했다.

시골 아버지가 문전옥답을 샀다고 하니, 동네 사람들이 수군거렸다.

"저 사람이 암만 봐도 간첩 돈 갖다 쓰는 모양이다."

돈이 그렇게 잘 벌려도 먹고 싶은 것 안 먹고, 입고 싶은 옷 안 사입고, 돈은 될 수 있으면 쓰지 말자는 신조가 우리 두 부부의 머릿속에 꽉 박혀 있었다. 하다못해 될 수 있으면 머리도 안 깎고, 미장원도 안 가고 벌기만 했다. 지나고 보니 그때는 돈 쓴 기억이 없는 것 같다.

아버지께서 나에게 가르친 게 몇 가지가 있었다.

"남의 돈 절대 쓰지 마라. 밤에도 잠 안 자고 크는 게 이자란다."

아버지는 해마다 농사 조금 짓고 마른 봄에 장려쌀 얻어다 먹고 가을에 추수해서 갚았다. 그때는 쌀 한 가마니 얻어먹으면 다섯 말로 갚았다. 그러니까 그 이자가 죽을 만큼 힘이 들었던 것이다. 또 한 가지, 아버지가 가르친 것은 물 들어왔을 때 노를 저으라는 것이었다.

"물 있을 때 노를 저어야지, 물 없을 때 아무리 바둥대도 배는 못 나간다. 돈도 벌릴 때 열심히 벌어야지, 평생 돈이 잘 벌리는 게 아니다."

다 맞는 말씀이라 생각했다. 그래서 나는 평생 남의 돈이나 은행 돈을 안 써봤다. 스타벅스 커피전문점을 하나 살 때 종합소득세가 너무 많이 나와 그때 처음 은행 돈을 좀 빌려 썼다. 그런데 지나고 보니 우리 아버지가 교육을 잘못시킨 것 같았다. 요즘 기업을 운영하는 사람들은 금융권을 잘 이용해 적은 이자로 안정적으로 사업한다. 그리고 보유하고 있는 자금은 또 다른 사업에 투자하거나 확장하는 것이다. 나도 그 당시 은행 돈을 잘 이용했으면 더 빨리 큰돈을 벌 수 있었겠다 싶었다.

한 번은 내가 세무조사를 받은 적이 있다. 국세청 본청 2번, 지방청 4번, 세무서 3번 이렇게 세무조사를 받았다. 본청 세무조사가 2개월짜리인데, 내 재산 전부를 조사하더니 세무조사관이 말했다.

"당신 참 연구 대상자네요. 이렇게 많은 부동산에 어떻게 은행 근저당이 한 건도 없죠? 30년 국세청에 있어 봤는데, 부동산에 근저당 한 건도 없는 사람은 당신 하나뿐이네요."

이 말이 그때는 칭찬이고, 놀라워하는 말로 들릴 수도 있겠지만 진짜 사업가들이 봤을 때는 참 바보 같은 짓이라 여길 것이다.

나는 큰돈을 벌고자 하는 사람들에게 말하고 싶다. 금융권을 현명하게 활용하라. 제2의 자산으로 내 사업의 성장을 불러올 것이다.

# 시장의 흐름 속엔
# 언제나 기회가 있다

　1,000억을 벌기 위해서든, 사업에 성공하기 위해서든 시장의 흐름을 알고 과감히 투자해야 한다. 나는 끊임없이 변화하는 주변 상황을 늘 연구했으며, 사람들이 무엇을 좋아하는지, 성장할 상권은 어디인지 놓치지 않았다. 시장을 읽으면 돈의 흐름이 보인다. 그 흐름을 잘 따라갈 수 있는 경험과 도전을 두려워해선 안 된다.
　공병 사업을 계속하던 어느 날 나는 강남 터미널 지하에 있는 거래처 미니 슈퍼에 수금하러 갔다. 당시 지하상가에 입주하려면 든든한 연줄이 있어야 했다. 그 가게는 상공부 차관 출신인 주인이 임대해 군인 중령이 운영하고 있었는데, 강원도로 발령이 나서 가게를 팔아야 한다고 했다.
　"조 사장님, 이 가게 팔려고 해요. 직원들에게만 맡기면 안 되니까 아예 그만두고 떠나려고요. 혹시 아는 사람 있으면 소개 좀 해줘요."

나는 고개를 끄덕이며 대답했다.

"알겠습니다. 알아볼게요."

그 가게는 주인이 군인이다 보니 장사를 잘 몰라서 종업원들에게만 맡기고 저녁에 나와서 수금만 하던 곳이었다. 그래도 우리 맥주는 많이 팔아줬던 가게였다. 그 다음날 저녁, 나는 다시 그 가게로 수금하러 갔다.

"사장님, 권리금은 얼마고, 보증금과 월세는 얼마인가요?"

"권리금 800만 원에, 보증금 1,000만 원, 월세는 50만 원이에요."

"제가 살게요. 깎지 않고 바로 인수하겠습니다."

나는 깎을 필요 없이 바로 계약하자고 했다. 중령은 며칠 기다려 달라고 하면서 주인에게는 권리금을 준다고 이야기하지 말라고 신신당부했다. 그러더니 그 이튿날 돈을 미리 줄 수 있냐고 물었다.

"알았어요. 그런데 왜 돈을 좀 미리 달라고 하시죠?"

"내가 중령이나 되는 놈이 사기는 안 칠 테니 걱정 마세요."

그는 물건값 1,000만 원, 보증금 1,000만 원, 권리금 800만 원을 합쳐 2,800만 원을 요구했다. 나는 며칠 수금해서 간신히 그 돈을 맞춰서 중령에게 주고, 주인과 만나 권리금 문제를 이야기했다. 주인은 말했다.

"이 가게는 권리금 없이 최 중령도 들어왔으니 당신도 권리금 없이 들어오는 게 맞죠?"

"그렇습니다."

나는 최 중령과 약속한 대로 대답했다. 그 자리에서 최 중령이 계약서에 서명해주었다. 그 다음날 재고조사를 했더니 물건값이 800만 원밖에 되지 않았다. 이미 최 중령은 강원도로 떠난 후였다. 나는 반포동 주공2단지 210동 202호를 찾아갔다. 집엔 최 중령의 아내만 있었다.

"물건값이 200만 원 더 갔는데요. 재고가 계약이랑 달라요."

내가 말했다.

"그런가요? 죄송하지만 지금 돈이 없어요. 최 중령이 사기를 당해서 이 집까지 날아가서 이사해야 해요. 위에 경남아파트로 이사 가면 한 번에 못 드려도 봉급 타서 내려올 때 20만 원씩 10번에 나눠 드릴게요."

"그렇게 하세요."

나는 그렇게 합의했다. 한 달에 한 번 가면 걸러질 때도 있었고, 또 강원도 갔다가 몇 개월 있다가 와서 준다고 하면 몇 개월 만에 20만 원을 주기도 했다. 갈 때마다 음료수 한 박스씩은 갖다 드렸다. 여덟 번 정도 받고 나서, 그만 받으러 가기로 했다.

"이제 이것으로 끝내죠."

"네, 잘 지내세요. 덕분에 감사했어요."

그 후로 돈은 받으러 가지 않았고, 그 군인은 후에 대령으로 예편했다는 소리를 들었다.

이제부터 내가 어떻게 1,000억이란 돈을 모았는지 이야기하려 한다. 지나서 돌아본 삶은 누구나 그렇듯 제일 고통스럽기도 하고, 제일 기쁘고 행복한 날들도 있다. 놀이켜 보면 나는 후진힐 줄 모르는, 앞만 보고 달리는 기관차 같았다. 지금 70이 넘은 나이가 되고 나니 이제야 삶을 돌아보게 된다. 세상 사는 것에 조금 철이 들었다고 할까?

나는 악착같이 아끼며 살았다. 돈을 모을 수 있는 첫 번째가 절약이다. 간수보다 더 짠 놈이란 소리를 들었어도 헤프게 쓰는 이상 돈은 절대 모을 수 없다는 생각이다. 수퍼를 하면서도 자식들이 우유 하나를 먹고 싶다고 해도 안 된다고 먹으려고 하는 걸 뺏어놓았다. 지하상가에 장난감 가게가 있었는데, 그거 하나를 안 사주고 두 형제가 멀리서 바라보며 만지작거리기만 했다. 언젠가 처제가 그런 어린 조카들이 안쓰러워 나 몰래 장난감도 쥐어 주고, 과자도 주고 그랬다고 말한 적이 있었다.

그런 내 자신에게 왈칵 화가 치미는 순간도 있었지만, 나의 계획이 채워질 때까지 헛돈은 안 쓴다는 신념은 꺾이지 않았다. 그렇게 악착을 떨며 절약해서 수퍼에서 돈 벌고, 신발가게에서 돈 벌고, 주류 덤핑사업에서 돈 벌고, 날이 갈수록 돈이 쌓이는 게 보였다. 절약하며 모아진 돈은 사업의 종잣돈이 되어 몇 개월 지나면 점포 한 칸이 되고, 또 몇 개월이 지나면 가게 한 칸이 되며 사업이 늘어갔다. 그런 가게들이 하나둘 모여 1,000억이라는 자산을 일굴 수가 있게 된 것이다.

어느 날 군 생활을 하던 동생이 예비군 중대장을 그만두자 나는 동생에게 사업을 가르쳐주려고 내가 산 가게에 수퍼를 하나 차려주고 운영하게 했다. 후에 동생이 결혼하면서는 제급을 내줬다.

"모든 공산품은 내가 시장에서 덤핑으로 사다 줄게. 나랑 똑같이 채워서 장사해."

동생과 나는 한 집에서 살림했다. 아내는 양쪽 가게를 오가면서도 집에서 밥 먹는 식구 8명을 챙겨 먹였다. 온 식구가 먹을 밥과 국과 반찬을 다 준비했다. 빨래도 온 식구들 것을 모두 했다. 그때는 세탁기도 없었다. 동생의 아내, 즉 제수씨가 결혼한 지 몇 개월 되지 않아 행방불명된 사건도 있었다. 여기저기 방방곡곡 찾으러 다녀봤지만 못 찾았다. 동생의 종업원들 식사까지 모두 아내가 책임지게 되었다. 정말 고생 많이 했다. 동생은 한 1년을 혼자 살다 시골로 내려가겠다고 했다.

"시골 가면 장가 못 가요! 여기서 가게 보면서 다시 시작해요."

아내는 동생을 극구 말렸고, 아는 분이 중매를 서서 동생은 재혼해 잘 살고 있다. 결혼하고 나서 동생이 말했다.

"형, 수퍼는 옛날 생각나서 못하겠으니 내놓고, 고속터미널 지하에서 식당을 하나 임대할게."

그 수퍼도 내가 사서 동생에게 준 것이니, 나는 물건을 인수해서 가게를 열었다. 터미널 지하상가에서 제일 요지인 사거리 코너에 가게를 세 개 운영하니, 몇 개월만 장사하면 점포를 한 칸씩 살 수 있었다.

그러는 동안 주류는 국세청 담당이라서 감사와 압박이 심해졌다. 회사에서는 덤핑 주류가 잘 안 나왔고, 대리점도 조심스럽게 눈치를 보면서 물건을 줬다. 나는 이제 손을 놓을 때가 됐다고 판단했다. 그리고 1987년에 주류 덤핑사업을 그만두었다. 주류사업을 그만두었을 때, 상공부 차관이었던 수퍼 주인이 예식상을 짓는 데 돈이 필요하다고, 수퍼를 사라고 제안했다. 암사동에 큰 땅이 있다고 했다.

"자네는 임대료 한 번도 밀리지 않고 성실하게 장사하는 걸 보니, 내가 도와줄 일은 이 가게를 조금 싸게 넘기는 거요."

나도 마침 덤핑 장사를 정리하며 생긴 돈도 있었으니 그 가게를 매입했다. 임대료가 나가지 않고 여러 군데 가게에서 돈이 나오니, 그때는 잠자는 시간도 아까울 정도였다. 이른 새벽에 일어나 밤 12시에 가게 문을 모두 닫고 집에 가면 새벽 1시다. 그때 배가 고파서 라면 한 사람당 두 개씩은 거뜬히 먹고, 바로 누우면 곯아떨어졌다. 자명종이 울리면 영화에서 귀신이 벌떡 일어나는 것처럼 일어났다. 아내가 깜짝 놀라며 말했다.

"어찌 그리 오뚝이처럼 일어나요?"

"군대서 쫄따구가 불침번 서는데, 오뚝이처럼 안 일어나면 이마빡에 대번에 개머리판으로 찍히지."

그때 나의 소원은 잠을 실컷 자는 것이었다. 그만큼 일에 집중하고 주변 상황에 민첩하게 움직였고 과감히 투자했다. 주위에서 흉볼 만큼 절약했지만, 사업 투자에서는 과감했다.

돈을 벌려면 첫째, 자기 사업을 해야 한다. 둘째, 점포 운영을 하려면 여러 개를 운영해야 한다. 최하 두 군데 이상은 해야 돈을 벌 수 있다. 셋째, 사업을 시작하면 나가는 돈을 줄여야 한다. 한마디로 구두쇠가 되어야 한다는 말이다. 말이 쉽지 결심이 대단해야 하고, 배우자가 믿고 함께해 주어야 돈을 모을 수 있다.

## 상품의 가치를 높여라

그 무렵은 지하철 3호선이 터파기를 할 즈음이었다. 나는 동생네 지하상가에 가보았다. 앞으로 지하철이 경부선을 통과하면 경부선 지하상가와 3호선이 정차역이 되면서 지하상가로 통행이 된다는 이야기가 돌고 있었다. 부동산에 들러 좀 더 자세한 주변 상황을 알아보았다. 부동산에서 지하철이 뚫리는 바로 앞에 점포가 임대로 나왔다는 정보를 주었다. 현장을 직접 가서 보니 식당을 하다 안 돼서 폐업하고 문 닫은 지 꽤 오래된 것 같았다. 식당 안은 어두컴컴하고, 먼지 쌓인 테이블과 의자들이 쓸쓸하게 놓여 있었다.

"이 자리가 곧 황금 자리라니까요. 지하철만 뚫리면 발 디딜 틈이 없을 겁니다."

부동산중개인이 열심히 설명했다. 나 역시 속으로 동의하고 있었다. 나에게는 반포 지하상가에서 이것저것 장사하면서 배운 동물적인 감각이 있었다. 지하상가에서 돈 번 사람은 조 사장밖에 없다는 소문이 파다하게 날 만큼 돈 벌 자리는 눈에 보였고, 과감하게 투자했다. 순수 내가 운영하는 가게가 네 곳이나 되고, 임대 놓은 가게가 두 곳이니 소문이 날 만했다. 나를 질투해 험담하는 사람들도 있었지만 나는 내 감각과 정보를 모으며 사업 확장을 하고 있었다. 경부선 지하로 주변이 앞으로 승산이 있을 것이라 판단했고, 여러 장소를 미리 선점하기 위해 반포 지하상가의 모든 가게를 정리하기 시작했다.

반포의 상가 모두 성업 중이라 이미 투자금의 몇 배의 이익을 봤다. 부동산에 가게를 임대로 내놓으면서 권리금으로 2억 원 정도를 받기로 하고, 점포 주인을 다른 사람 명의로 해놓고 빠져나왔다. 권리금을 받은 돈으로 경부선 지하와 지하철과 연결될 곳에 점포를 얻었다. 그곳은 3년 동안 비어 있어서 월세를 아주 싸게 얻을 수 있었다.

나는 점포의 인테리어에는 돈을 아끼지 않았다. 특히 사람들이 제일 먼저 보게 되는 간판과 출입문은 정말 신경 써서 달았다. 그때 텔레비전에서 고기 종류 중 멧돼지고기가 제일 영양가도 좋고 구하기 힘들다고 방송하고 있었다. 나는 '멧돼지고기 식당'이라는 커다란 간판을 달고, '산지직송'이라는 글씨는 눈에 띄지 않게 작게 붙였다. 고기 전문 남자 주방장을 모셔 오고 식당을 오픈했다. 터미널에서 식당을 오픈하니 반포동과 잠원동의 아파트 주민들이 주로 많이 왔고, 터미널에 종사하는 사람들도 수천 명이나 몰려들었다. 그리고 성모병원에 근무하는 사람들도 엄청나게 많아 장사는 대박이었다. 고소하게 고기 굽는 냄새가 터미널을 가득 채웠고, 손님들이 끊임없이 밀려들었다. 우리 가게가 잘 될수록 주위 가게들은 장사가 잘 안 되기 시작했다. 결국 근처에서 가게 하는 사람이 경찰에 신고를 한 것이다.

"저 집, 멧돼지고기는 팔지도 않으면서 사기 치고 있습니다!"

경찰서와 구청 식품위생과 직원 세 명이 나와 조사할 게 있다며 식당에 있는 고기 한 덩어리를 가지고 갔다. 아내와 종업원들은 두려워서 벌벌 떨었다.

"걱정 마. 아무 문제 없을 거야."

나는 종업원들을 달래고 경찰서로 갔다. 경찰서에서 조사를 받는데 구청에서 연락이 왔다.

"순수 한국 돼지고기입니다. 왜 멧돼지고기도 아닌데 멧돼지고기라고 거짓말하고 팔았습니까?"

"저희는 멧돼지고기라고 말하면서 판 적 없습니다. 식당 이름이 멧돼지고기 식당일 뿐입니다."

내가 대답했다. 조사관이 가만히 생각하더니 말했다.

"아, 그래 맞네! 식당 간판이 멧돼지고기 식당이구만."

어이없게도 그렇게 조사는 종료되었다. 경찰이 미안하다며 사과하고, 구청에서는 가져간 고기를 결제하면 돈으로 지불하겠다고 했다. 며칠 후 돈을 받고 한참 종업원들을 겁나게 만든 어이없는 해프닝으로 끝났다.

나는 매 순간 인생을 살면서 선택과 판단을 잘하는 사람들이 성공한다고 믿는다. 사람이 하고자 한다면 모든 게 안 되는 게 없다. 그리고 돈이 불어나는 비결이 있다. 자주, 아주 자주 내 재산이 얼마 정도 될 거라고 기억하고 살면 돈도 빨리 불어난다. 예를 들어 9,900만 원이면 100만 원만 모이면 1억이네, 이런 생각을 하다 보면 더 안 쓰고 빨리 100만 원 채워야지 하는 생각이 든다. 요즘 자주 말하는 '끌어당김의 법칙' 즉 긍정적인 자기 암시가 정말 중요하다는 것이다. 사업을 하며 알게 된 것 중 하나는 순수하게 장사만으로 돈을 벌려고 하면 큰돈 못 번다는 것이다. 그 가게의 가치를 높여 되파는 것이다. 나 역시 입지 선점을 잘 분석하고 장사 안 되는 가게든, 좋은 가게든 투자할 가치를 보았다면 과감히 투자하고 들어가서 정말 열심히 장사해서 가게의 가치를 두세 배로 올려놓는다. 그리고 시설권리금을 몇 억 혹은 몇 천 받고 되팔아서 번 돈이 크다. 그 돈들이 나중에 더 큰 사업의 씨드머니가 되어주는 것이다. 절대로 거저 얻어지는 것은 없다.

# 상권의 특징을 파악하고
# 과감히 들어가라

터미널이란 특성상 지나가다가 눈으로 보고 예쁘다, 좋다, 생각되면 모든 사람의 선택이 빠르다는 장점이 있다. 얼른 집어서 마음에 들면 얼른 돈 내고 버스 타러 가거나, 아니면 집으로 가기 바쁜 사람들이기 때문이다. 그래서 경부선 터미널에 붙은 아주 작은 코너 가게를 하나 샀다. 덤핑사업을 접고 다른 가게들은 종업원들, 처제, 처남, 외사촌 동생들하고 직원들이 있으니 내가 해봐야겠다고 마음먹고 남대문시장에 가서 악세사리를 사왔다. 악세사리는 화려해서 지나치는 사람들의 눈과 발을 잠시 잡아두기에 좋은 사업 아이템이다. 비싼 귀금속이 아니라 귀걸이, 목걸이, 팔찌 등등 스텐이나 구리에 금, 은을 도금한 저렴한 것이었다. 처음이니까 좀 도금이 잘 된 좋은 물건들로 들여왔다. 비싸 봐야 여자들 목걸이 도매로 200원, 나는 소매로 1,000원, 그러니 몇 배 장사였다. 제품도 싸고 물건도 쓸 만했다. 여직원들한테 한 세트씩 주고 끼고 다니라 했더니 몇 개월이 지나도 도금이 안 벗겨졌다.

그 당시 전두환 대통령이 정권을 잡으면서 경제부총리로 서석준 부총리가 왔다. 이분은 미국에서 교수로 일하던 분인데, 대통령에게 '나는 경제는 빵점이니 모든 전권을 줄 테니 공산품값, 식료품값 안 올리고 국민이 잘 살게 해달라'는 특명을 받았다. 기업들은 이윤을 낮추고 박리다매를 하라고 지시했다. 물건값이 내려야 소비가 늘어나고, 경제가 원활하게 돌아간다는 이야기였다. 세계 경기가 오일쇼크로 소비를 안 하니 원자재값이 내려갔다. 예를 들어 설탕 3kg짜리 한 봉지에 3,800원 하던 게 1,600원까지 떨어졌다. 악세사리도 원자재 가격이 내리면서 나는 헐값에 좋은 물건을 구매할 수 있었다.

그때 나는 악세사리 가게를 정말 잘 운영했다. 버스 안내양들이 주로 단골이어서, 하나가 하나를 물어오고, 둘이 둘을 물어왔다. 안내양들한테는 장사 수완을 멋지게 보여주었다. 한 사람 데리고 오면 반값에, 둘 데리고 오면 반의 반값으로 주었다. 도금이 오래가는 제품으로 가져와 조금 비싸게 받고 재미있게 장사했다.
그런데 어느 날 터미널 앞 뉴코아 백화점에서 시계, 악세사리, 금, 은을 취급하는 사장님이 내 가게를 사겠다고 했다. 나는 가게를 1,200만 원에 매입해서 1억을 받고 팔았다. 그런 후 경부선 터미널 지하로 돌아와서 가게를 제일 좋은 코너 자리로만 5개를 샀다. 큰 가게는 100평 정도 되고, 작은 가게는 50평 이상 되는 곳이었다. 고속터미널은 광주고속, 한진고속, 천일고속, 동양고속,

중앙고속, 한일고속이 함께 만든 주식회사였다. 광주고속이 최대 주주, 한진고속이 두 번째 주주였다. 가게를 사고팔 때는 주식회사 터미널 영업부에 가서 계약서를 갱신했다. 영업부 과장이 거의 전결 처리하는데, 그 사람이 맘에 안 들면 분양계약 안 해주고 반납하라고 내용증명을 보냈다. 분양이 영업부 과장의 심기에 따라 결정되는 어이없는 시대였다.

나는 가게 네 개를 모두 직영으로 운영했다. 장사가 아주 잘 되는 가게는 목 좋은 곳에 두었고, 갓 결혼한 처남에게 하나를 주었다. 하지만 6개월도 못하고 부부가 매일 싸우고, 주방장은 나가고 해서 결국 내가 다시 인수했다. 종로에 유명한 맛집이 있어 벤치마킹을 하려고 아내와 함께 외식하면서 레시피를 파악했다. 가게에 와서 그대로 하니 맛이 거의 차이가 없어 성공이었다. 직업소개소를 가서 주방장을 채용하고 레시피를 교육한 후 개업하니 가게가 소문이 나기 시작했다. 개업 후 얼마 되지도 않아 터미널 상주 직원들로 좌석 하나도 안 남고 만석이었다. 번호표 주며 대기 손님 받으며 장사했다.

장사는 잘 되었지만 문제는 주방장들의 잦은 이직이었다. 주방장이 언제 안 나올지 모르니 가게 운영에 늘 스트레스가 많았다. 나는 가게가 성업할 때 팔기로 했고, 분양권을 좌지우지하는 영업부 과장과 친분을 더욱 단단히 만들어갔다. 지하상가 상인회 회장도 맡아 하면서 나의 입지를 굳혀가는 것도 소홀히 하지 않았다. 그러던 중 지하철 3호선이 개통했다.

## 잘 되는 가게에 미련을 버려라

지하철 3호선 개통을 예상하고 미리 선점해 놓은 상가들은 개통 후 더욱 바빠졌고, 상가의 프리미엄은 더욱 높아져 갔다. 나는 부동산에 가게를 하나만 내놓았다. 내놓은 날 즉시 계약할 사람이 나타났다. 분양가가 1억이었지만, 나는 3억 8,500만 원 받고 영업부에 가서 계약을 갱신해주었다. 영업부 계약서는 1억짜리였고, 나머지는 프리미엄이고 시설비로 받은 권리금이었다. 세금 십 원도 없었다. 일억에 분양받아 일억에 파는 거니까. 분양가보다 더 쓰면 터미널 주식회사에서 결제가 안 났다.

1억에 산 가게를 3억 8,500만 원에 팔아 2억 8,500만 원이라는 차익을 얻은 것이다. 영업하며 얻은 수입까지 더하면 나는 수억 원의 돈을 번 것이다. 그냥 1억에 사서 3억 8,500만 원에 판 것이 절대 아니다. 나는 매출 향상을 위해 연구했고 피나는 노력으로 가게를 잘 키웠다. 가게에 가치를 더한 것이다. 간판 하나부터 식당 이름까지 밤잠 안 자고 생각하고 실천한 결과였다.

시간이 지나면서 나는 한진고속 영업부장님과 친해졌다. 하루는 부장님이 나를 찾아와 물었다.

"후배님, 우리가 직원들 복지 차원에서 식권을 발행할 건데, 후배님 식당은 손님이 하도 많아서 구내식당을 안 해도 돈 잘 벌지 않나요?"

"선배님, 제가 해야지요. 다른 손님은 못 받아도 직원들은 받아야지요."

그렇게 나는 한진고속 구내식당까지 맡게 되었다. 백반 한 그릇에 1,000원을 받던 때였다. 한진고속 구내식당은 승무원들, 기사님들, 일반 손님들이 너무 많이 찾아와 감당하기 어려웠다. 그래서 다른 가게로 손님들을 분산시켰다. 그런데 부동산에 내놓은 가게가 바로 팔리게 되었다. 그 가게를 사려는 사람은 한진 식권을 받을 수 있게 해달라고 조건을 걸었다. 나는 영업부와 협의해 조건을 맞춰주고 5억에 계약했다.

구내식당으로 지정된 곳은 우리 공주식당 하나뿐이었다. 승무원들은 거의 나가서 휴게소에서 공짜로 밥을 먹었기 때문에 식권이 남아돌았다. 그 식권을 우리 식당에 와서 팔면 나는 700원에 사주었다.

한진고속이 본청 세무조사를 받으면서 나도 세무조사를 받게 되었다. 세무조사관이 물었다.

"확실히 한진에서 식권을 발행하여 직원들이 식사를 했습니까?"

 나는 일일 장부를 제출해야 했다. 영업부 직원과 밤새도록 장부를 맞추느라 머리가 지끈거렸다. 그래도 장부를 잘 맞춰 제출했다. 세무조사를 무사히 마친 후, 나는 벌려놓고 있던 사업들을 찬찬히 점검하고 살펴보았다. 좀 더 가져가야 할지, 아니면 더 나은 사업으로 집중해야 할지 손익과 앞으로의 주변 상황 변화까지 고려해보았다. 그리고 나의 결론은 하나하나 정리하는 것이었다. 우선 나는 강남터미널 지하상가의 가게를 매각하기 시작했다. 주변 상인들은 잘 되는 가게를 왜 파냐고 했지만 가게는 성업일 때 가치가 제일 높은 것이고, 어떤 사업이건 내리막길은 있으니 매도시점을 잘 파악하는 것 또한 사업의 중요한 부분이라는 점을 말하고 싶다. 장사가 최고점을 찍을 때 그 가게를 팔아야 돈을 벌 수 있다. 미련을 버려라!

 나는 중령한테 받은 상공부 차관님의 가게를 7,500만 원에 매입해서 35,000만 원 받고 팔았다. 권리금까지 하면 5억 정도 남은 것 같았다. 또 한산 지하상가 코너 가게도 4억 정도 받고, 뱅뱅 청바지집 점포는 임차인한테 3억 받고 넘겼다. 신발 가게는 형수가 장사해보겠다고 해서 권리금 형식으로 조금 받았다. 이렇게 강남터미널 지하상가는 모두 정리하고, 터미널 지하상가도 점포 네 개에서 두 개를 매각하고 통장에 돈을 넣었다. 이젠 지방으로 눈을 돌려야겠다고 생각하고 내 고향 공주로 향했다.
 삶은 매 순간 도전과 기회의 연속이다. 사람들은 내가 성공한 비결을 묻지만, 사실 그것은 순간의 선택과 끊임없는 정보 습득과 가치창조를 위한 노력 덕분이었다. 다시 한번 강조해본다.

"무에서 유를 창조하라."

"안 되면 되게 하라."

"두드려라. 그러면 열릴 것이다."

# 두드려라,
# 그러면 열릴 것이다

　나는 서울에서 사업을 시작하며 많은 성공과 부를 축적했다. 그러던 중, 이젠 지방에서도 사업을 해야겠다고 결심했다. 일단 내 고향 공주를 먼저 살펴보기로 하고 공주와 서울을 오가던 중에 덤핑사업을 하던 친구들을 만났다.
　"조 사장, 요즘 좋은 일 있나? 지방을 자주 다니네?"
　나는 미소를 지으며 대답했다.
　"고향에 가서 땅 좀 사려고."
　친구들은 웃으며 말했다.
　"무슨 지방에 땅을 사? 그러지 말고 우리와 함께 법원이 들어온다는 꽃마을에 땅을 사자. 그곳이 앞으로 좋아질 거야. 아무 데나 정 붙이고 살면 고향이지, 안 그런가?"
　그들은 그곳에 땅을 560평씩 샀는데 56만 원씩 주고 샀다. 하지만 나는 내 고향이 좋다고 공주에 땅과 대학교 앞에 집을 하나 사서 임대로 주었다. 시간이 지나고 보니, 조상이 어디에 터를 잡았느냐에 따라 잘 살고 못 살고가 정해지는 것 같았다. 그 친구들은 전라도 목포 영암이 고향인데, 그 땅이 이명박 대통령의 땅과 붙어 있어 평당 2억 정도 간다고 했다. 똑같은 사업을 했는데, 누구는 몇 천억 부자가 되고, 누구는 묵묵히 노동의 대가를 받으면서 일했다. 이게 바로 태어나면서 정해진 어쩔 수 없는 팔자소관이라 생각한 적이 있었다. 그러나 태어난 후의 팔자는 내 소관임도 확실히 깨달았다.

돈을 버는 것은 참으로 어려운 일이다. 나처럼 간수보다 더 짠짠돌이로 살아도 로또 당첨이 되지 않는 이상 노력 없이는 큰 부자가 되기란 쉽지 않다. 부지런함과 노력은 기본이다. 우리나라 3대 기업 총수의 어린 시절도 가난했지만 상상하기도 힘든 노력, 지치지 않는 도전과 끈기가 지금 세계 경제를 흔드는 거대 기업을 이루어내지 않았는가? 나도 처음부터 천억을 벌자 하고 결심을 한 것은 아니다. 벌다 보니 천억이 된 것이다. 난 정말 티끌 모아 태산을 이루었다. 100원 모아서 백만 원, 1억, 1,000억이 된 것이다.

터미널 지하상가는 회사에서 분양할 때 업종을 미리 정해 임대 분양을 했다. 타업종을 하려면 분양받은 분양자에게 확인 도장을 받아야 그 업종을 허락했다. 나는 출입구 전면 5m밖에 안 되지만 안의 면적은 150평이나 되는 넓은 공간의 점포를 분양받았다. 그 점포의 업종은 식당이었다. 나는 그 점포 150평을 단 1억에 분양받았는데, 거저나 다름없었다. 점포 사이즈가 너무 커서 아무도 분양을 받으려는 사람이 없었던 이유도 크게 작용했다.

그 당시 고속터미널에는 다방이 딱 한 개 있었는데, 그곳은 장사가 너무 잘 되어 종업원이 빗자루로 먼지를 일으켜 일부러 손님을 내보내곤 한다고 한다. 나는 점포를 사놓고 다방 업종에 대해 많은 자료를 구했다. 경쟁 가게와 어떤 차별을 둬야 할지 곰곰이 생각하고 또 생각했다. 확실한 한 가지는 이 장소는 다방을 해야 돈을 번다는 것이다. 그래서 간판을 '다락방'이라 정하고, 가운데 '락'자만 글씨를 작게 해 '다방'이 두드러지게 보이는 인테리어 전략을 짰다. 그리고 차만 파는 경쟁 업장과는 차별을 두어 고급 경양식 돈가스와 커피, 음료를 팔았다. 그 가게의 가치를 높인 것이다. 그리고 성업할 때 5억에 매도했다. 경부선 터미널 지하상가는 거의 모든 점포가 한 번씩은 다 나를 거쳐갔다고 해도 과언이 아니다. 이런 부동산 매매 차익으로 인한 수익이 영업 매출보다 훨씬 많고 더 큰 부의 창출을 일으키는 중요한 것임을 알아가기 시작하면서 나는 내 비즈니스의 방향과 마인드를 잡았다. 건물을 짓고 임대하는 임대업에도 관심을 갖고 공부하고 정보를 얻기 시작했다. 천억은 이제 눈앞에 있었다.

"두드려라, 그러면 열릴 것이다"라는 말처럼, 나는 고속터미널 지하에서 거침없이 두드렸고 사업을 키워갔다. 그러다 주변 상황을 보니 상권이 이젠 1층 대도로변으로 움직일 것이라는 예감이 들었다. 일반 시내버스 노선이 다양해지면서 버스 증설도 점점 많아지기 시작한 시기였다. 그렇게 되면 지방으로 나가는 사람들보다 시내에서 들어오려고 움직이는 인구가 더 많아질 테고, 상권은 지상이 더 활발해질 것이라는 판단이 섰다.

나는 오랫동안 비어 있던 점포 하나를 샀다. 아주 싸게 구입해서 아주 싸게 임대를 주고 때를 기다렸다. 아니나 다를까 일 년도 안 되어 가게 앞으로 정류장이 들어서고 난 또 큰돈을 벌 수 있었다. 그 자리가 구미 가는 고속버스 노선의 출발점이 되었다. 나는 참으로 운이 좋은 사람이라고 생각했다. 그리고 나는 차츰차츰 터미널 지하엔 점포 하나만 남기고 모두 팔았다.

그러던 중 내가 있던 고속터미널에 빙그레 우유와 롯데칠성 음료를 취급하던 사람이 부도를 내고 도망갔다는 소식을 들었다. 나는 롯데칠성 영업부 소장을 만나 인사하러 갔다.

"안녕하세요, 소장님. 제가 요즘 터미널에서 장사하고 있어요. 대리점을 맡겨주시면 잘해볼게요."

영업부 소장은 미소를 지으며 말했다.

"잘 부탁드립니다. 열심히 하세요."

빙그레 상무님이 공주 사람이라고 반가워하며 본사에 얘기를 잘해주어 빙그레 대리점도 맡게 되었다. 그것도 큰 돈벌이는 아니었지만 한 사람의 장사 가게 정도의 이익은 냈다.

# 안 되면 되게 하라

대리점을 하면서 거래처에 물건을 납품하러 간 날이었다. 가게 주인이 내게 다가와 부탁했다.

"조 사장님, 이 가게 좀 소개해서 팔아줄 수 있겠어요?"

그 가게는 롯데리아와 뉴욕제과 사이에 끼어 있는 점포로, 식품점으로는 가게 월세 나오기가 빠듯한 자리였다. 나는 가게 주인에게 물었다.

"얼마에 팔 생각이세요?"

"1억 5천만 원 정도면 팔려고 해요. 가게는 비워줄 거죠?"

"당연히 비워줘야죠. 떠날 사람인데요."

나는 가게를 계약하기로 결정하고 본사에 올라가서 분양가가 얼마인지 확인해보니 1억 4천만 원이었다. 분양가 주고 사는 거나 마찬가지였다. 계약을 마친 후, 나는 인테리어를 시작했다. 그때 나는 '찡구짱구'라는 신종 가맹점 국수와 만두, 냉면을 파는 분식 전문 프랜차이즈와 계약을 맺기로 했다. 가맹비를 포함해 1,750만 원이 들었지만, 그렇게 해서라도 가게를 개조하기로 마음먹었다. 구멍가게로는 수익이 나지 않을 것 같았기 때문이다. 인테리어를 끝내고 나니 가게는 깔끔하게 변했다. 그러나 회사에서는 무조건 안 된다고 했다. 나는 방법을 찾기 위해 영업부장에게 큰 수박 한 통을 들고 한여름에 그의 집을 찾아갔다. 200만 원이 든 봉투도 챙겼다.

"부장님, 저 좀 도와주세요. 국수 프랜차이즈 가게를 깨끗하게 만들어서 할 예정입니다. 눈감아주시면 정말 감사하겠습니다."

부장은 그간 우리의 관계와 그동안 내가 일을 어떻게 하는지 계속해서 봐왔기 때문에 간곡하게 부탁하는 내게 미소를 지으며 말했다.

"알겠소. 근데 과장님에게도 인사드리러 가야 할 거요."

나는 그날 저녁에 낙성대 근처 다방에서 과장님도 찾아가 인사드리고, 돈 100만 원과 산 원주를 드리며 말했다.

"과장님, 국숫집을 열려고 합니다. 청원경찰들에게 잘 이야기해주십시오."

이후 인테리어가 끝나고 문을 열자마자 손님들이 몰려들기 시작했다. 주위 사람들은 의아해하며 속삭였다.

"무슨 빽으로 이런 거 해도 회사에서 말이 없냐?"

가게를 오픈하자 새벽 5시부터 밤 10시까지 손님들이 끊이질 않았다. 방학 때라 그런지 손님들은 계속 밀려들었고, 가게는 바쁜 나날을 보냈다. 한 달 후 정산해보니 모든 비용을 공제하고도 한 달에 2,000만 원이 남았다. 칠성 대리점에서도 직원 봉급을 주고도 500만 원 정도는 남았다. 지하 점포에서도 세를 받았다. 여러 사업장에서 수입이 들어왔고, 난 땅을 사기 시작했다. 상업용 땅을 사서 건물을 지을 계획을 세웠다.

나는 그 과정에서 많은 생각을 했다. 사업이 늘 순조로운 것은 아니었다. 하지만 나는 회피하거나 좌절하지 않았다. 늘 해결방법을 찾아냈다. 안 되면 되게 하라는 말도 있듯이 방법을 연구하다 보면 길이 보인다. 그리고 노력하는 사람은 운을 놓치지 않는다. 나의 포기하지 않는 집념이 운을 만나 성공을 이룰 수 있었다.

사업을 하다 보면 인맥이 많은 부분을 차지한다. 우리나라만 그럴 거 같지만 외국은 추천서가 취업이나 사업에 아주 큰 영향을 준다. 내가 지금 가진 것도 없고, 특별한 학연이나 지연이 없다면 최선을 다해 만들어야 한다. 주변과 계속 소통하고, 내가 어떤 사람인지를 보여주고 증명해야 한다. 신뢰와 꾸준함, 그리고 겸손함으로 쌓은 인맥은 내가 도움이 필요한 어떤 순간에 아주 큰 힘을 발휘해줄 것이다. 나는 그 어떤 인연도 소홀하게 넘기지 않고 잘 지켜왔다. 그리고 나 자신도 다른 사람에게 도움이 될 수 있도록 단련했다. 모두가 서로의 자산이기 때문이다.

1983년도의 일이다. 그때 나는 주유소 사업에 관심이 가서 경기도 안성에 중부고속도로 옆 38번 국도에 있는 땅에 주유소를 지어야겠다 생각했다. 그러나 지금도 그렇지만 주유소는 지금껏 내가 해온 사업과는 다른 스케일이 큰일이었다. 시공 전 허가가 가장 큰 일이었으며 까다롭고 어려운 작업이다. 우선은 22개 부처장의 직인이 찍힌 허가서가 필요했고 공사장 주변의 나무를 베어야 해서 산림청장의 허가까지 받아야 했다. 부처장 직인은 물어가면서 어찌어찌 다 받아냈지만, 산림청장 허가는 무대포인 나도 어찌할 수가 없었다. 하지만 나는 포기할 생각이 전혀 없었다. 주유소 사업이 큰 이권이 걸린 일이라서 까다롭고 뒷거래가 심했지 사실 허가라는 게 딱히 정해진 규정은 없었던 주먹구구식이었던 때였다. 나는 일단 밀어붙이기로 했다.

마침 고향 공주의 국회의원이었던 분이 내무부 장관을 했었고 그 내무부 장관의 비서는 내가 안면이 있던 사람이었다. 나는 '안 되면 되게 하라'는 신념을 가지고 기지를 발휘했다. 나는 그 내무부 장관 비서관 행세를 하기로 했다. 그리고 산림청 녹지과에 바로 전화를 했다.

"여보세요. 저는 내부무 장관 비서 아무개입니다."

"아, 네! 비서관님 무슨 일이십니까?"

산림청 담당 국장은 장관 비서라는 말에 태도와 말투가 매우 호의적이었다.

"아, 여기 우리 직원 지인이 있는데 산림청에 문의할 것이 있다고 하네요. 그분의 얘기를 좀 잘 경청해보고 어지간하면 허가를 좀 해주십시오. 부탁드리겠습니다."

"저기 비서관님, 혹시 어떤 일인지 물어봐도 되겠습니까?"

"그 주유소 허가 때문에 문제가 있는 모양인데 그 사람이 가면 자문 좀 해서 좋은 쪽으로, 되는 쪽으로 살 부탁드립니다."

"알겠습니다. 일단 보내보시지요."

나는 전화를 끊고 그 지인인 것처럼 산림청에 들어가서 담당 과장을 만났다. 일은 순조롭게 진행이 되었고 마침내 주유소 허가를 따내었다. 지금 내가 생각해도 그때의 우리나라는 참 씁쓸한 시대였고 격동의 시대였다. 그렇게 허가를 받고 주유소 공사를 하다가 좋은 가격에 매입을 원하는 사람이 나타나서 난 고민도 없이 좋은 가격에 팔았다. 그리고 매매해서 번 돈은 나를 따라 일하며 고생한 두 동생에게 나누어주었다.

# 한 번 해병은 영원한 해병

　서울 88올림픽이 다가오면서 우리 사회는 경제면으로나 정치적으로나, 국민의식 등에 커다란 변화가 일어났다. 국세청에서 주류 도매면허를 발급한다는 소식을 들었다. 나는 국세청에 가서 주류 도매면허를 받기 위해 서류를 알아보았다. 그러나 허가조건이 너무 까다로웠다. 그때 당시 주류 도매면허는 시장 거래가격이 50억 정도였다. 면허만 받을 수 있으면 허가권만 양도해도 수십억을 벌 수 있기에 음성적인 거래를 막기 위하여 그만큼 면허 허가조건도 까다로울 수밖에 없었을 것이다.
　면허 허가조건을 검토한 결과 국가유공자 2급 이상이라는 조항이 내게 걸림돌이었다. 하지만 나는 포기할 수 없었고, 해병대 출신 선후배들의 도움을 받으면 될 것 같았다. 성남에 있는 해병전우회를 찾아가 협조를 구하기로 했다. 성남은 서울에서 철거당한 사람들이 모여 사는 곳으로, 월남에서 부상당한 국가유공자들이 정부로부터 이주받아 사는 지역이었다. 나는 해병전우회 사무실을 찾아갔다.

"회장님, 해병대 출신 조병원입니다."

회장은 반갑게 웃으며 말했다.

"반갑소, 조 사장. 무슨 일로 왔소?"

"주류 도매면허를 내려고 하는데, 협조 좀 해주시면 좋겠습니다. 같이 지분을 나눠 동업하면 어떻겠습니까?"

회장은 미소를 지으며 말했다.

"좋소. 우리 해병대 선후배가 함께하면 못할 일이 없지."

그렇게 해서 나는 해병대 전우 5명과 함께 주류 도매사업을 시작했다. 서류준비는 복잡했지만, 해병대 전우들이 힘을 합쳐 필요한 서류들을 준비했다. 나는 그들을 차로 모시고 다니며 호적등본을 띄고, 국세청에 서류를 제출했다. 국세청에서 일처리가 늦어지고 기다리는 시간이 길어지자 해병전우회는 막무가내식으로 일을 진행했다. 휠체어를 타고 의수를 착용한 채 담당자의 사무실로 들이닥친 것이다.

"이 서류를 처리해줄 거요? 말 거요? 오늘 당장 도장 안 찍어주면 여기서 한 발짝도 못 나갑니다!"

착용한 의수며, 의족이며, 심지어 의안까지 빼서 책상에 올려놓고 해결 안 해주면 움직이지 않겠다는 강한 결의를 보였다. 담당자는 당황한 듯 바라보았고, 결국 국장님이 내려와서 다시 검토하겠다고 약속했다. 일주일 후, 우리는 주류 도매면허를 받았고 기쁨을 나누며 멋진 회식을 했다. 지금 들으면 뭐 이런 게 다 있어? 하겠지만 그때 상식보다 힘이 우선인 시대였으니 그런 막무

가내도 통했던 것 같다.

그 후로 우리는 주식회사로 정식으로 주류면허를 받고, 트럭 4대와 사무실, 창고를 마련하고 본격적으로 주류 도매사업을 시작했다. 성남이라는 지역은 진로소주 외에는 다른 술이 잘 팔리지 않는 곳이었다. 우리는 진로소주를 얻기 위해 사무실로 찾아가 약간의 협박도 불사하며 소주를 받았다.

"우리에게 소주를 줄 거요? 말 거요? 안 주면 여기서 분신하겠소!"

담당자는 놀라서 바로 다음날부터 소주를 출고해주기로 약속했다. 우리는 해병전우회 회장님의 도움으로 성남의 여러 조직과 협력하여 거래처를 확보했다.

나는 회사 상호를 보훈유통이라고 지었다. 사업도, 개인 장사도 상호를 어떻게 지으면 유리할까 고민을 많이 하고 지은 이름이었다. 글로 쓰니까 그냥 쉽게 만든 것처럼 보이지만, 현실에서는 피나는 노력과 머리를 짜내야 했다. 사업은 그렇게 순조롭게 되는 게 아니었다. 사업을 시작하고 1년쯤 되었을 때, 보훈유통을 우리나라에서 주류를 제일 많이 파는 회사로 만들어 놓았다. 거기에는 비결이 있었다. 진짜든 가짜든 무조건 많이 파는 게 '진정한 하이 슈퍼 드라이브 세일즈맨'이라는 것을 직원들에게 교육했다. 나는 막대그래프를 만들어 직원 간의 프로모션 경쟁을 시켰다.

"여러분, 가장 많이 파는 사람이 최고입니다. 우리는 항상 1등을 목표로 해야 합니다."

해병대 선배 이사님들도 각자 아는 업소에 줄이 닿는 대로 거래처를 만들라고 했다. 성남에는 조폭들이 많이 있었다. 해병전우회 회장님이 보스에게 말해주셨다.

"우리 보훈유통은 상이군인들이 먹고살려고 하는 곳이니까 도와주시오."

그 말 한마디에 조직이 움직이기 시작했다. 거래처가 순식간에 확 늘어나기 시작했다. 인생을 살면서 고비 고비마다 판단력이 필요하고 순발력이 꼭 필요하다는 것을 깨달았다. 늦으면 항상 2등이 된다. 경매시장에 가보면 1등만이 물건을 챙기고, 2등은 아무 소용이 없다. 종일 고생만 하고 들러리만 서다 오는 것이다.

주류사업은 법인사업자이기 때문에 금전적인 면도 정확해야 한다. 접대비부터 직원들 판매, 퇴직금까지 정산해서 장부 정리를 해야 했다. 아무리 사업이 잘 되어도 함부로 돈을 빼서 쓸 수 없었다. 결론적으로 가짜 돈만 만지는 꼴이 되어버렸다. 여태까지 내가 필요하면 돈을 빼서 투자하고 하던 방식으로 사업을 하다 보니 주식회사의 방식이 첨에는 참 불편했었다. 회사가 커지니까 접대도 많이 해야 했다. 그 당시 접대문화는 무척 심했다.

'힘들지만 해낼 수 있어. 우리가 해병대 정신을 잃지 않는다면!'

나는 그렇게 스스로에게 다독이며 앞으로 나아갔다. 사업은 쉽지 않았지만, 동료들과 함께라면 어떤 어려움도 극복할 수 있었다. 결국 우리의 노력과 열정은 결실을 맺게 되었다. 보훈유통은 계속 성장했고, 나는 잘 살겠다는 단순한 꿈을 이루기 위해 계속해서 전진했다

나는 주류사업을 하면서도 내 개인 사업에도 신경을 놓지 않았다. 새벽 5시면 일어나 식당에 가서 확인하고 나서 매일 성남까지 출퇴근했다. 시간이 흐르면서 회사도 안정되고, 현금도 많이 비축됐다. 시간을 내어 용인, 분당으로 땅을 보러 다니는 것도 게을리하지 않았다. 쓸만한 코너 땅이 나오면 사두고, 성남에다 아파트도 사고, 조합주택 분양권도 두 개나 샀다. 큰아들이 돈복이 타고 난 녀석이라 그런지 분양권 제비뽑기에서 9층과 10층을 뽑아 9,500만 원에 분양받아 7억씩 두 개를 팔았으니 세금 빼고 한 채당 6억, 총 12억의 수익을 보았다. 용인 수지에 땅도 700평 사고, 날만 새면 돈이 불어나는 것이 돈 버는 재미가 있었다. 돈이 돈을 벌어준다는 말을 실감했다. 그때가 91년도로 일본에도 건설경기가 한창일 때라 세계 경제가 좋을 때이기도 했고, 난 그 시기를 잘 읽고 시장의 흐름을 잘 탄 것이다. 인생을 살면서 순간순간의 판단력이 얼마나 중요한지 알 수 있다.

# 첫 삶의 어려움과
# 첫 건물의 성공

　서울의 주류사업과 터미널 상가들이 안정적인 상태가 되어 나는 건물 부지를 보기 위해 본격적으로 움직였다. 차를 몰고 대전으로 향하는 길에 문득 옛날 중학교 2학년 때 방학을 보냈던 대덕군 탄동면 궁리라는 동네가 떠올랐다. 그곳에서의 기억은 어느새 세월의 먼지를 털어내고 생생하게 되살아났다. 그 시절에 우리 동네 어른들이 그곳에서 머슴살이를 많이 하곤 했다. 어느 날 형님 친구가 거기서 머슴 일을 한다길래 방학을 이용해 나도 돈을 벌고 싶었다.
　"형님, 방학 동안 저도 거기서 일해봐도 될까요? 근데 무슨 일을 해요?"
　그는 넉넉하게 웃으며 대답했다.
　"일이 어렵지 않아. 주로 오이랑 가지 같은 야채를 다루는 일이야. 주인에게 얘기해볼게."

며칠을 기다렸지만 아무 소식이 없어서 절망적인 마음으로 포기하려고 했을 때, 일하던 아저씨가 고향에 오는 길에 나에게 기별하라고 했다며 주소를 건네주었다. 나는 바로 버스를 타고 유성에 내려, 정류장에서 물어물어 한 시간쯤 걸어 도착한 동네에서 그 형을 만났다. 형은 고생했다며 나를 일할 집으로 데려갔다. 가지 농사를 짓는 집으로 원철원 씨 댁이었다. 거기 할아버지는 수염이 덥수룩했고, 아저씨는 점잖은 분위기의 이장님이었다.

나는 중학교 2학년치고는 키도 크고 덩치도 컸기에 일을 어른 못지않게 했다. 그곳에서는 돈을 일당으로 계산해서 주었다. 동네 전체가 비닐하우스를 하는 곳이라 일꾼이 많이 필요할 때는 정말 바쁘고, 필요 없을 때는 그만큼 한가했다. 머슴이라는 일이 한 집에서 자고 먹고 일하니 출퇴근하는 사람보다 더 일찍 일어나고, 더 늦게 일을 마감했다.

새벽 5시면 일어나서 집 주위의 잡초라도 한 포기씩 뽑고, 아침밥을 먹은 후 밭에 가지고 갈 농기구를 챙겨놓았다. 밥상머리에 앉아 주인의 하루일과를 귀담아듣고 가지밭과 오이밭으로 향했다. 아침나절은 선선하고 좋았지만, 오후가 되면 비닐하우스는 40도의 찜통이 되었다. 종일 뛰어다니고 저녁에는 녹초가 되어 집으로 돌아왔다. 집에 돌아오면 밭에서 쓰던 농기구를 정리하고, 저녁을 먹은 후 몸을 닦으면 또다시 밤 10시였다. 그냥 쓰러져 잠들곤 했지만, 새벽에 닭 우는 소리에 벌떡 일어나 주인 눈치를 보며 빗자루라도 들고 마당을 쓸었다. 남의 밥이 얼마나 어려운지 나는 그때 이미 터득했다.

어릴 때 일을 회상하다 보니 벌써 근처까지 와 있었다. 그런데 수십 년이 지난 이곳은 너무 변해서 어디가 어딘지 도통 알 수가 없었다. 나는 일단 근처 부동산에 먼저 들렀다. 그런데 이런 우연이 있을까? 부동산 바로 옆이 그 옛날 머슴 살던 원철원 씨가 농사짓던 땅이라는 것이다. 옛날에는 그곳에 또랑이 있어서 물고기도 잡고 놀았는데, 지금은 전부 메워져서 평평한 대지가 되어 있었다. 그곳이 토지개발공사에서 수용되었고, 지구지정을 받아 상업지구가 되었다는 사실을 듣고 놀랐다. 나는 부동산중개인에게 물었다.

"그럼 그 땅의 주인은 지금 누구인가요?"

"이미 다른 사람이 낙찰받아 가지고 있습니다."

"혹시 그럼 그 땅을 팔려고 내놓았나요?"

"네, 팔려고 내놓았다고 하네요."

그 자리에서 나는 그 땅을 사겠다고 했다. 부동산업자는 신이 나서 바로 연락을 했다. 마침 주인이 바로 근처에 살고 있어 지금 나오라고 해서, 계약을 진행했다. 나는 385만 원에 150평을 샀다. 그 땅을 사고, 근처에 성덕건설이라는 간판을 붙여놓고 5층짜리 건물을 짓고 있는 업체가 있어서 이것저것 물어보았다.

"저는 유성에 오래 살았고, 제 형이 교수고, 아버지가 1,000평짜리 준주거지 땅을 가지고 있습니다."

젊은 사장이 대답했다. 젊은 사람이 열심히 사는 모습에 신뢰가 갔고, 나는 다음에 다시 만나기로 하고 서울로 돌아왔다. 서울에서는 가게들이 잘 되고, 회사도 날로 번창하고 있었다. 아파트 값도 계속 오르고, 부동산 가치는 계속 상승하는 좋은 소식이 들려왔다. 대전 땅에 건물을 지어야겠다고 생각하고 중도금 날짜에 맞춰 대전으로 내려가 중도금을 지불했다. 그리고 성덕건설 사장을 만나 설계사무소로 갔다.

"지하 2층, 지상 7층 건물 설계를 해보니 주차장을 위락시설로 할 때와 근생으로 할 때 주차 대수 차이가 엄청나요. 지하층에는 카페와 호프집을 넣고, 1층 일부에는 3단 주차기를 넣는 것으로 설계하면 좋겠어요."

설계사가 말했다.

나중에 알고 보니 설계사무소도 건설사 사장과 짜고 비싼 설계비를 요구했던 것이었다. 나는 설계비로 평당 10만 원을 주었는데, 사실 6만 원이면 할 수 있는 일이었다. 건축의 '건'자도 몰랐던 내가 무조건 건설사 사장 말만 믿은 것이 큰 실수였다. 그래서 1,000억을 꿈꾸는 이가 있다면 모르는 분야를 접해야 할 때는 무조건 공부를 하라고 강조하는 이유이기도 하다.

건물 짓는 계약서를 도급계약이라 하는데, 성덕건설과 도급계약서를 쓰고 계약금을 지불했다. 설계비는 일시불로 주는 거라길래 의심 없이 모두 주고 기쁘게 다시 서울로 올라왔다. 그리고 한 달 가까이 지났을 때 구청에서 건축주를 찾는다는 연락을 받았다. 내려와 보니 난리가 난 것이었다. 지하 2층을 파면서 원래는 CIP 공법으로 땅에 구멍을 파서 철근을 넣고 콘크리트를 부어 지하수가 구덩이로 침하되지 않도록 공사를 해야 하는데, 성덕건설은 날림으로 공사비를 더 남기려고 그냥 쇠파이프를 박고 중간중간 널판지만 대고 땅을 파내려갔던 것이었다. 그곳이 옛날에 물이 많이 흐르던 곳을 메운 땅이다 보니 지반이 약해 그냥 힘없이 무너져 내린 것이다. 큰 도로가 파손되어 차량 통행이 안 되니 구청에서 건축주를 불렀던 것이었다. 신문기자들도 카메라를 들고 와서 사진을 찍어대며 난리가 아니었다.

결국 공사 중지명령이 떨어졌고, H빔으로 다시 박고 트러스트 공법으로 간신히 지하층을 덮었다. 그때 나는 건설회사를 믿고 맡길 수가 없어서 유성에 방 하나를 얻어서 생활하면서 관리감독을 한 끝에 겨우 지하층 마감을 할 수 있었다. 지하 마감을 하고 보니 그때서야 설계가 잘못됐다는 것을 알았다. 1층에는 임대료가 많이 나오는데, 그 생각을 못하고 1층에 주차장을 넣은 것이 실수였다. 지하 2층을 파면서 지하주차장을 넣고, 1층을 임대했으면 훨씬 좋았을 텐데 말이다. 그리고 우리 건물 평수로는 종합건설 면허가 있는 건설업체에서 시공해야 하는데, 성덕건설은 단종면허만 있는 업체라는 것도 확인을 안 했으니 누구를 탓할 수도 없는 나의 부주의였다. 그 당시 성덕건설은 면허를 빌려서 시공하고 있었다. 1층을 시작하면서 건설사 사장은 지금 자잿값이 계속 오르고 있으니 돈을 미리 주면 자재를 미리 사놓아 공사가 빨리 진행될 수 있다고 했다. 나는 하루라도 공기를 단축하면 좋겠다는 생각에 4억을 미리 당겨주었다. 이후 4층까지 잘 올라가는 것을 보고 조금 안심이 되어 다시 서울로 올라갔다.

추석을 보내고 며칠 후 대전으로 내려가니 일이 또 멈춰 있었다. 목수 오야지에게 왜 일을 안 하느냐고 물으니, 석 달째 노임을 한 푼도 못 받았다고 했다. 알고 보니 사장이 동명이인의 땅을 자기 땅인 양 팔아먹고 구속된 것이었다. 검찰청에 불려 다니면서 현장엔 나오지 않았다. 그래서 나는 반장을 설득해야 했다. 지금부터 들어가는 돈은 내가 지불할 테니 일을 계속 진행해 달라고 말이다. 또한 1층 제일 좋은 자리를 공짜로 한 칸 주겠다고 약속했다. 그리하여 간신히 준공을 마쳤다.

# 무에서 유를 창조하다

건설사 사장의 사기에 속아 불이 나 있는데 하다 하다 근방에서 부동산을 하는 젊은 사람이 가끔 와서 내 속을 긁었다.

"사장님, 돈이 얼마나 많은지 몰라도 왜 여기 허허벌판에다가 큰 빌딩을 짓나요? 상가가 거의 텅텅 비었잖아요."

나는 자주 쓰는 말을 되뇌었다.

"웅덩이 파놓으면 물고기가 생깁니다."

그렇게 농담으로 받아넘기며 내 생각대로 건물을 지었다.

충남대학교 정문은 유성 시내로 직통으로 연결되어 있었고, 내가 산 땅 주변을 몇 바퀴 돌아보니 우리 건물 쪽에는 문이 없어 학생들이 울타리를 넘어 개구멍으로 다니고 있었다. 나는 땅 주변을 돌며 생각에 잠겼다.

'이렇게 많은 학생이 자취방과 하숙집, 아파트에 사는데, 충남

대생이 17,000명, 대학원생이 3,000명인데 이쪽으로 왜 문을 안 만들지?'

그때 분명히 깨달았다.

'학생들이 편리하게 다니려면 반드시 문이 필요해. 학생들이 민원을 넣다 보면 학교에서 문을 만들게 될 거야.'

나는 확신했다. 하지만 부동산중개인은 내 생각에 동의하지 않았다. 어느 날 그와 대화 중에 내가 말했다.

"여기 동문이 생길 구조야. 학생들이 다니기에 아주 편리한 위치잖아."

그는 고개를 저으며 비웃었다.

"사장님, 바로 돌아서 조금만 가면 큰 정문이 있는데 여기다 문을 만든다는 건 착각이에요. 돈 버리는 짓입니다."

내 생각은 확고했다.

"그래도 내가 본 건 틀리지 않아. 학생들이 편리한 길을 원하고, 학교도 결국 그걸 알게 될 거야."

시간이 지나 6층이 올라가고 있을 때까지 임대 문의가 하나도 없어서 걱정했지만, 7층 지붕 슬라브를 덮고 옥탑 층을 올릴 즈음 한 사람이 와서 임대 문의를 했다. 알고 보니 비디오방을 운영하는 사장이었다. 내 예감은 맞아떨어졌다. 결국, 동문이 생기고 임대 계약이 줄을 이었다. 발로 직접 찾아다니며 지리 특성과 수요를 파악한 결과였다.

옥탑을 마무리하고 6층, 7층은 내가 직접 고시원과 독서실을 운영하려고 여러 업체의 견적을 받았다. 7층 20평을 주택으로 꾸며 형님이 대전으로 이사 와서 고시원생과 독서실 학생들에게 밥을 해주며 생활할 수 있도록 만들었다. 독서실 장과 카운터를 만들고 직원을 모집했다. 은행과 계약하고 지하 2층에는 커피숍, 지하 1층에는 호프집, 1층에는 은행과 식당, 2층에는 가마솥 호프, 3층에는 비디오방, 4층에는 당구장, 5층에는 노래방, 6층과 7층에는 독서실 및 고시원을 만들었다. 이렇게 준공하고 한 달 안에 모두 입주 계약을 마쳤다. 내게 직접 찾아와서 계약한 것이 대부분이었다. 부동산을 통해 계약한 것은 하나도 없었다. 그때 그 부동산 젊은 사장이 나더러 귀신 같다고 했다.

"조 사장님, 충대 정문이 있는데도 여기다 문을 또 낼 거라는 생각은 어떻게 하셨습니까? 귀신 아닙니까? 허허, 저는 꿈에도 상상 못했습니다. 대단합니다."

미리 그 주변을 조사한 결과와 내 예감은 적중했다. 준공식까지 많은 어려움이 있었고, 성덕건설 사장과는 얼굴 한 번 못 보고 지나갔지만 이 일로 많이 배웠고, 순간의 실수가 평생을 좌우할 수 있다는 교훈을 얻었다. 너무 힘들 땐 서울 친구 말대로 고향에 투자하지 말고 그냥 살던 곳에 투자할 걸 하는 생각과 어린 시절 머슴 살던 곳에 땅이 나왔다는 사실에 보상심리랄까? 즉흥적으로 결정해버린 어리석음은 지금 생각해도 후회되는 일이다. 결과적으로 나는 무사히 준공했고, 임대 마감이란 현실에 안도했다. 내 심정과는 별개로 나의 첫 건물 첫 삽은 성공한 것이다.

논현동과 대치동이 뜨는 것처럼 유성은 대전에서 아주 핫한 곳이었다. 예전에는 당구장이 학생들의 인기 있는 놀이터였다. 내가 건물을 짓고 임대가 잘 되니까 너도나도 우후죽순처럼 건축을 시작했다. 독서실을 하려고 보니 교육청 허가가 문제였다. 독서실 허가는 심의가 좀 까다로운 편이다. 학교 정문에서 200m 이내에는 심의를 부결시키는 제도가 있었고, 5개 부서가 복합 심의를 하는데 그중 교육청 독서실 허가를 내주는 부서에서 심의 주관을 맡았다. 내 건물과 학교 정문 사이의 거리를 재면 350m로 충분했지만, 담장 끝에서 재면 190m밖에 나오지 않았다. 독서실 업자에게 무조건 만들어 오라고 했더니 201m로 해서 심의를 통과했다. 다만 그 주변에는 당구장 허가를 내주지 않는다는 조건도 붙었다. 인테리어업자와 교육청 관계자가 꽤 가까운 사이 같았다. 일을 원활하게 해준 댓가로 그때 돈 1,000만 원을 인테리어업자에게 더 주었다. 그리고 나는 '쓰리쿠션'이라는 이름으로 동생에게 임대한 것처럼 계약서를 작성한 후 2억을 받아서 인테리어를 해주었다.

이후 난 그동안 유성에 미운 정 고운 정이 다 들었는지 이곳으로 이사왔다. 1991년도에 건물을 짓기 시작해서 1992년 말경 과학기술원 담장 옆에 땅을 한 필지 사서, 평생을 보낼 집이라는 생각에 정성을 들여 집을 지었다. 고향 선배가 건축한다기에 150평 건평의 집을 짓기로 했다. 집을 짓는 동안 공사현장을 자주 오갔는데, 흙냄새와 시멘트의 차가운 감촉이 아직도 손에 남아 있는 듯하다. 지하에 서재를 넣고 1층에서 살며, 2층에는 세 가구가 살 수 있는 주택을 지었다. 새로운 집에 이사 온 날, 나는 가슴이 벅차올랐다. 나무로 된 현관문을 열고 들어서는 순간, 새로 지은 집 특유의 나무 향이 코끝을 스쳤다.

서울에는 한 주에 한 번 정도 올라가서 회사와 상가를 둘러봤다. 처남과 동생 부부가 가게를 봐주었기에 가게는 문제없이 잘 돌아가고 있었다. 회사는 법인이었기 때문에 사장으로서 나는 주로 거래처 직원들과 술자리나 밥자리에서 접대하는 역할을 맡았다. 돈 관리는 경리과장이, 영업은 영업 담당 관리이사가, 차량 및 호프 생맥주 기계관리는 다른 직원들이 맡고 있었으니, 나는 그저 회사가 잘 돌아가는지 전체적인 관리만 하면 되었다.

살다 보면 순간순간 기지를 발휘하거나 말도 안 되는 방법이 꼭 필요할 때가 있다. 한 번은 건물을 지었는데, 땅이 넓어서 건평이 10% 정도밖에 되지 않았다. 주차장 법정 주차 기준은 5대였는데, 20대 이상 주차할 수 있는 땅이 남았다. 그래서 주차선을 그리지 않고 준공검사를 접수했더니, 주차장 주차선을 그리지 않았다고 반송되었다. 상가 임차인들은 들어오기로 했는데, 준공이 늦어지면 안 되니 고민을 했다. 주차선을 그리는 것이 금방 끝나는 것도 아니고, 페인트업자를 불러서 하면 며칠 걸리고 몇 백만 원이 들었다. 그때 화장실 휴지가 생각났다. 그래서 돼지 본드를 천 원 주고 사고, 두루마리 휴지를 몇 개 사서 가로 5.5m, 세로 2.5m로 휴지를 펼쳐놓고 멀리서 사진을 찍었다. 그렇게 하니 주차선을 그린 것처럼 보였다. 그날 바로 다시 접수해서 준공을 받았다.

또 한 번은 건물을 지으면서 조경을 해야 했는데, 조경비용이 많이 들었다. 조경업자와 이야기해서 준공 후에 가져가는 조건으로 큰 나무들을 분으로 떠서 옮겨심기로 했다. 특히 겨울 공사에는 분 뜬 나무를 우리 집에 심고, 준공 후에 다시 가져가는 조건으로 3분의 1 가격에 하기로 했다. 살짝 갖다 놓고 흙은 조금만 덮고 준공 후에 가져가는 조건이었다. 어떻게 보면 이런 나의 일처리가 조금은 무식하고 대충 일을 해치우는 것처럼 보일지도 모르겠지만 나의 지나온 삶의 지혜이기도 하다.

미국의 35대 대통령 존 F. 케네디의 증조부의 일화가 생각이 난다. 난 그의 삶과 크게 다르지 않다. 그는 먹고살려고, 자식을 키우려고 수단과 방법을 가리지 않던 보통의 아버지 모습, 옆집 가장의 모습, 그리고 내 모습이다. 그는 영국 아일랜드 출신이었다. 몇 해 동안 나라에 기근이 들어 아일랜드 인구 200만 명이 굶어 죽었다. 그래서 케네디의 증조부는 미지의 땅 아메리카로 새로운 삶을 위해 가족을 데리고 떠났고, 메사추세츠 주에 정착해 많은 고생을 했다. 케네디의 할아버지는 술집을 해서 돈을 벌어 아들인 조셉 케네디를 공부시켰다. 그의 아들 조셉 케네디는 밀주 장사를 해서 돈을 벌고, 마피아와 손을 잡아 돈을 벌었다. 그는 주가조작으로 엄청난 돈을 벌었고, 영화사업에도 손을 대었다. 자본주의 국가에서는 돈이 왕이라는 말처럼 조셉 케네디의 돈은 그의 아들 존 F. 케네디를 미국의 대통령으로 만들었다. 누가 그들에게 돌을 던지겠는가? 부는 힘을 만든다.

# 구불텅 구불텅 도로의 전설

　용인시 수지 죽전리에 매입한 땅이 있었다. 당시 전답이었던 그 땅은 소나무 조경수를 심고 흙으로 메워 도로와 같은 높이로 만들어 놓았었다. 세월이 흐르고 어느 날, 그 땅을 지나가는데 빨간 깃발이 바람에 펄럭이고 있는 것을 발견했다. 깃발은 줄지어 꽂혀 있었고, 나는 놀라서 차를 세우고 깃발이 꽂힌 곳을 확인해 보았다. 그것은 도로 표시였다. 근처 주택에 사는 사람들에게 물어보니, 수지에서 경기도 광주까지 도로가 좁아서 35m로 확장된다는 소식이었다. 내 땅 한가운데로 도로가 지나가게 된다는 사실을 알게 되자, 나는 가슴이 철렁 내려앉았다. 국가에서 하는 도로 보상은 얼마 되지 않기 때문에, 어떻게 하면 이 도로를 다른 곳으로 돌릴 수 있을까 고민하기 시작했다. 밤잠을 설치며 여러 가지 방법을 연구했다. 불안과 초조함에 마음이 달아오르고, 입술이 바싹바싹 마르는 밤을 지새웠다.

조사해보니 발주처가 건설부 산하 국토관리청이고, 도아엔지니어링이라는 토목 시공업체에서 시공을 맡았다는 것을 알게 되었다. 예전에 중부고속도로 옆 주유소 허가를 낼 때 알게 된 계장급 직원이 있었지만 이미 정년퇴직했다는 소식을 들었다. 그러다 아들의 친구 아버지가 건설부에 다닌다는 이야기가 떠올랐다. 내가 그 아이 아버지 운전연수를 시켜준 일이 있었는데 그때도 건설부에 일한다는 얘기는 들었지만, 그냥 흘려들었었는데 이 기막힌 순간에 생각이 난 것이다. 나는 급한 김에 그를 찾아가기로 했다. 밤늦은 시간이었지만 그를 찾아가 문을 두드렸다.

"광주에서 오포를 거쳐 수지로 가는 국도가 35m로 넓어진다는데, 좀 알고 있습니까?"

"네. 국토관리청에서 발주했으며, 저희 부서 주관이긴 합니다만, 그 도로는 이미 노선이 결정되었어요. 무슨 일 있으십니까?"

나는 속이 타들어가는 심정이었다.

"제 토지에 빨간 깃발이 꽂혀 있는데, 우리 토지만 빈 토지이고, 그 앞으로는 빽빽하게 촌락을 이루고 살고 있는데 하필이면 왜 주택 40호나 되는 집을 철거하면서까지 그 길을 내는지 모르겠네요. 왜 하필 우리 땅을 관통하는지 모르겠습니다."

"그 노선은 직선으로 잡아서 나가는 도로라 집들이 좀 많이 철거되게 됐습니다. 광주 현장사무실에 가면 현장소장이 있으니까 내일 아침 출근하면 이야기는 해놓을 테니 가서 한 번 만나서 얘기해보시죠."

다음날 아침, 나는 수지에서 잠을 자고 출근시간에 맞춰 현장소장을 만났다.

"이미 2안으로 결정나서 노선을 옮기기가 어렵습니다."

"어려운 일인 줄은 알지만, 이 노선을 아직은 말뚝만 박아놨지 공사가 진행된 건 아니니 어떻게 방법이 있지 않을까요?"

나는 애걸복걸 빌다시피 사정했다.

"될지 안 될지는 모르겠는데, 사장님 땅부터 주택이 들어가는 주민들의 의견을 모아서 주택 철거를 반대하는 연판장을 제출해 보세요. 청와대 고충처리위원회에 진정서를 넣으면 됩니다."

현장소장과 헤어지자마자 나는 동네 주민들을 소집해 달라고 이장님한테 부탁해서 마이크로 방송을 했더니 약 30명 정도 모였다. 그때는 농지를 사려면 이장님의 도장을 받아야 토지거래 허가가 나던 시절이었다. 나는 이장님 댁에 가끔 지나가면서 소주 한 박스씩 내려주곤 해서 꽤 친하게 지냈다. 그래서 연판장을 만들고, 이장님이 대표로 해서 35명 정도의 서명을 받아 청와대 고충처리위원장 앞으로 보냈다.

그 당시 노태우 정부 시절이었는데, '보통 사람이 잘 사는 나라를 만듭시다'라는 구호가 있었다. 연판장을 보내고 일주일 만에 건설교통부 도로정책과로부터 다음과 같은 공문이 내려왔다.

"가옥을 건드리지 말고 노선 변경을 해라."

건설부에서는 국토관리청 담당에게, 국토관리청 담당은 도아엔지니어링 사장에게, 사장은 현장소장에게 지시를 내렸다. 그리고 현장소장에게서 드디어 연락이 왔다.

"조 사장님, 청와대에서 공문이 왔습니다. 건설부 도로정책 과장님과 국토관리청 담당과 제가 미팅한 결과를 청와대 고충처리위원장 앞으로 공문을 보내면, 청와대에서 민원인에게 처리결과를 보내줄 겁니다."

나는 더 자세한 내용을 알고 싶었지만, 소장님은 기다리라고만 하고 더는 알려주지 않아서 답답했다. 하루가 열흘 같았다. 성격이 급한 나는 마냥 기다릴 수가 없어 아들 친구의 아버지께 전화를 걸었다.

"3안으로 결정됐습니다. 곧 청와대로 공문을 보냈다고 연락이 올 겁니다."

이 대답을 듣고 얼마나 기뻤는지 모른다. 당시 전답으로 있던 땅이 상업지구로 풀릴 거라고는 생각도 못했고, 그냥 집이라도 지을 땅이 있으면 좋겠다고 생각했다. 공문이 내려오기를 기다리고 있던 어느 날, 이장님과 점심을 먹고 광주를 넘어가는 길에 측량하는 사람들을 봐서 그들에게 물어봤다.

"지금 뭐하시는 거예요?"

측량기사가 통명스럽게 대답했다.

"보면 모르겠어요? 어떤 사람이 청와대에 민원을 넣어서 다 만들어 놓은 도면을 2안에서 3안으로 다시 측량하고 있는 겁니다."

"3안이면 어디를 거치는 거죠?"

"2안은 주택을 여러 채 철거해야 했는데, 3안은 주택 한 채도 안 들어가게 산 밑으로 해서 도로가 구불구불 돌아가게 됩니다."

그리고 며칠 후 다시 가보니 깃발은 그대로 꽂혀 있고, 내 땅에서 보니 앞산 지실 가지로 해서 측량선을 따라 새로운 깃발이 쭉 꽂혀 있었다. 나중에 알고 보니 2중으로 깃발을 꽂아놔야 산 밑 3안의 토지주들이 이의를 제기하지 않는다는 것이었다.

또 며칠 후 수지에 와서 이장님을 만났다. 이장님은 잔뜩 언짢은 표정이었다. 괜히 내 말 듣고 동네 사람들 연판장을 만들어준 것에 대해 불평을 늘어놓고 있었다. 산 지실 가지 토지 중 상당수는 이장네 것이라고 했다.

"아니, 괜히 조 사장 말 듣고 동네 사람들 모아서 연판장 만들었어. 내 땅이 싹 다 들어가게 생겼어."

"아이고, 이장님. 내 땅에도 깃발이 꽂혀 있는데 어디로 갈지는 모르는 거죠."

나는 살짝 미안해져서 능청을 떨었다. 그렇게 나는 그 토지를 살려냈다. 말은 쉽지만, 정말 그 일을 할 때는 입에 침이 바싹 마르고 화장실도 못 갈 정도로 힘들었다. 나중에 이장님을 만나봤더니 토지보상금이 50만 원씩 나왔다고 중얼거렸다. 지금도 가끔 수지를 지날 때면, 그 구불텅 구불텅한 도로를 보면서 '내가 저 길을 저렇게 해놓았구나' 생각하면 기분이 묘해진다. 정말 안 될 일을 되게 하려고 노력했던 당시의 긴장과 스트레스를 생각하면 입술이 바싹 마르고, 화장실 갈 생각도 못해 변비로 고생했던 기억이 떠오른다.

# 월세로 한 달에
# 1억씩 버는 코너 각지

　나는 자고 싶어도 자지 말고 열심히 일하라는 팔자인가 보다. 먹고살 만해졌는데도 새벽 5시면 어김없이 일어나 중앙 경제지를 속독하고, 아침을 먹고 나가면 어느새 저녁이었다.
　오래전 서울에서 처음 번 돈으로 공주에 몇 필지 땅을 사두었었다. 이번 공주시에서 구획정리사업으로 토지주에게 약 50%를 주고, 나머지 50%는 도로와 공원 공사비로 채비지를 만들어 팔아서 충당하는 사업을 했는데, 운이 좋았던 건지 상업지구 35m, 15m 코너로 떨어졌고, 또 한 필지는 15m, 10m 코너, 또 다른 필지는 35m, 12m 코너로 땅을 받았다. 그렇게 코너로 떨어진 땅들을 보며 건물을 지어야겠다는 생각이 들었다.
　토지가 대학교 근방이라 그때만 해도 대학가는 옛날 초가집들 슬레이트만 바꿔놓고 내부는 말도 못하게 열악했었다. 화장실은 퍼내는 재래식 화장실이었고, 비가 오면 길이 질퍽거려 장화 없이는 다닐 수 없을 정도였다. 우리 땅에도 다 쓰러져 가는 집이 한 채 있었는데, 세입자 아주머니가 그곳에서 하숙을 치고 있었다. 아주머니는 손님들에게 허름한 방을 내주며 하루하루 생계를 이어가고 있었다.

나는 이 땅에 획기적인 변화를 주기로 결심했다. 그때는 원룸이라는 개념조차 없던 시절이었다. 당시 토지의 용도지구가 주택이라 다가구 5가구 미만으로밖에 허가를 안 내주던 시절이었다. 어느 날 방 36개를 설계해서 시청 건축과에 허가 신청을 하러 갔더니 담당자는 서류를 보며 고개를 저었다.
"이런 건축법은 없습니다. 반려합니다."
나는 이미 대전에서 한 번 건물을 올렸던 경험이 있기에 포기하지 않고 지하층은 호프집, 1층 상가, 2~4층은 주택으로 허가를 다시 넣었다. 그렇게 결국 허가가 떨어졌고, 공사를 시작했다. 설계사와 층마다 방 9개씩 만들기로 했다. 방 안에 화장실과 샤워실을 넣고, 주방은 현관 입구를 좀 넓게 해서 싱크대와 1구짜리 전자렌지를 넣을 예정이어서 현관 앞에 전기, 수도, 하수도 배관을 미리 묻어놓고, 준공이 끝나면 벽돌을 쌓고 전기, 수도, 하수도 배관을 살려서 원룸을 만들 계획이었다.

대전에서의 실수는 두 번 다시 하지 않으려고 밤잠을 설쳐가며 직접 도면을 그려서 건축소장에게 지시하고, 매일 건물 짓는 데로 출근했다. 머릿속에는 수많은 아이디어와 걱정이 얽혀 있었다. 건축법에도 없는 공사를 내 머릿속에서 만들어서 하려니 머리가 지끈거릴 정도였다. 그 당시엔 시청에서 준공검사를 골조할 때와 지하실 터파기할 때만 나오고, 나중에 설계사무소에서 준공계를 넣으면 며칠 후에 별 하자가 없는 한 준공 허가가 떨어졌다. 그러면 준공과 동시에 숨겨놨던 배관들, 즉 전기, 수도, 하수도를 다시 꺼내서 한 층에 방 9개씩 만드는 것이었다. 공사를 두 번 하는 셈이었다. 참 힘들었다. 그렇게 해서 원룸방 36개를 해놓으니 주위 허름한 집 주인들이 와서 줄자로 재며 말했다.

"정말 기막힌 아이디어네. 우리도 이렇게 지어야겠어."

이렇게 해서 시작한 게 우리나라에서 원룸의 시초가 되었다. 재래식 화장실인 집에 자취방은 월세 3천 원 정도 받던 때였다. 그런데 우리 집은 1년에 150만 원이었다. 나는 내 상품의 가치를 높였다. 그러자 주위 허름한 집 주인들은 너도나도 웅성거렸다.

"그렇게 비싼 집을 어느 학생이 들어가 살겠어? 우리도 여기서 수십 년째 뿌리내리고 살고 있는데, 월세 3천 원도 깎아달라 하는데 그렇게 비싸게는 들어가 살 학생이 없어."

2차 공사를 마무리하니까 9월이었다. 학생들이 몇 개월만 있으면 방학하고 집에 가는데 누가 방을 얻겠냐는 말을 들으니 맞는 이야기 같았다. 여차하면 내년 3월에나 내놓아야겠다는 생각을 하면서도, 6천 명의 학생과 교직원들이 있는데 그중 돈 있는 집 자식들은 이런 호텔 같은 집을 보면 부모를 졸라서라도 들어올 것이라는 생각도 들었다. 이번에도 내 예상은 적중했고, 2차 준공하고 일수일도 안 돼서 방 36개가 모두 세약됐다. 150만 원 미리 내면 1년 사는 것이었고, 난방비는 중앙난방이라 10만 원 난방비를 따로 내야 했다. 그런데도 방이 없어서 못 놓을 정도였다. 그때가 1993년도였는데, 자식들이 하나 아니면 둘이라 부모는 못 먹어도 자식이 해달라는 건 다 해주는 시기였다.

그렇게 원룸이라는 말이 시작돼서 1년도 안 되는 사이에 공주 신관동에만 20여 집이 우리 원룸을 따라 짓기 시작했다. 그러다 누군가가 고발했는지는 모르겠지만 시청에서 전수조사를 나왔다. 나는 이미 한 필지에 집을 지어 호프집을 넣고, 1층은 순대국집을 넣고, 2층은 노래방을, 3층과 4층은 원룸과 투룸을 넣어서 방을 30개나 만들었다. 어쩔 수 없이 전수조사에 걸려서 건축법 위반으로 벌금 500만 원을 고지받았다. 시청에서는 안타까웠는지 건축물을 양성화시켜 줄 테니 설계사무소에 가서 용도변경 허가를 넣으라고 했다. 그래서 설계사와 상의한 끝에 주거용 오피스텔로 용도변경 설계를 해서 시청에 넣었다. 그러다 보니 재산세는 조금 더 나왔지만, 합법적으로 원룸 임대사업을 하게 되어 방도 모두 나가고, 건물도 모두 나가고, 방값은 일시불로 1년 치를 받으니 현금이 쌓여갔다.

나는 내친김에 대전 시내에 있는 옛날 숭전대학교, 즉 지금의 한남대학교 앞에 땅을 사서 세 필지로 갈라 세 필지 모두 원룸을 지었다. 대전에도 그 당시 원룸이라는 개념이 없었다. 한남대 앞에 원룸을 지으려 하니 구청 직원들도 그런 법을 몰라, 내가 가르쳐 주면서 주거용 오피스텔이란 명칭으로 허가를 받아 68개 방을 만들었다. 원룸이 130개가 되니 엄청 부자가 된 기분이었다. 한 달이면 돈이 현금으로 들어오니 돈이 되는 만큼씩 토지를 사들였다. 지나고 보니 그때 은행 돈 좀 얻어서 아주 큰 땅을 샀으면

1,000억은 우스운 큰 부자가 됐을 텐데 후회도 들었다.

아버지는 옛날에 쌀 한 가마니 얻어서 식량하고, 그해 가을에 추수해서 두 가마니씩 갚았다. 그런 경험을 부모님들은 했기에 자식들 교육은 절대 남의 돈 얻어서 쓰지 마라, 남의 돈은 밤잠도 안 자고 이자가 늘어난다고 했다. 그 교육을 받고 컸으니 은행 대출은 생각도 안 했다. 그렇게 130개를 혼자 관리하다 보니 매일 손에 기름 묻히고 머릿속에는 항상 긴장이 쌓여 있었다. 내일은 뭐가 고장 났다는 연락이 올까 걱정되었다. 그때는 모든 방에 기름보일러를 넣어놓고 있었다. 원룸을 관리하면서 제일 어려운 것이 화장실 막히는 것과 싱크대 막히는 것이었다. 옛날에는 정화조가 시멘트로 만들어져서 방수 처리해서 1폭기, 2폭기, 3폭기, 마지막이 펌핑하는 구조로 돼 있었다. 기계다 보니 정화조도 자주 고장 났다.

학생들이 부주의하게 사용하다 보니 크고 작은 일들이 많이 생겨났다. 여자들은 생리대를 변기에 그냥 넣고 물을 내린다거나 남자들은 세면대 위에 면도날, 칫솔 같은 것을 올려놨다가 세면대나 변기로 딸려 들어가면 어김없이 변기가 막혔다. 운 좋게 변기에 안 걸리고 정화조로 들어가면 오수펌프에 걸려서 정화조가 넘쳤다. 돈이 들어와서 좋긴 했지만, 방 130개를 관리하다 보니 매일 손과 옷에 기름 범벅이고, 정화조에 들어가서 모터를 끄집어내 생리대 등 막힌 것들을 빼내야 했다. 그래서 누가 좋은 가격 준다면 하나하나 팔아서 땅을 샀다. 남의 돈 맛보는 게 쉬운 일이 아니라는 걸 알고는 있지만, 더욱 실감나게 했다. 물건을 하나씩 팔 때마다 어김없이 양도소득세와 소득세, 주민세는 따라온다. 60%는 세금으로 나간다. 죽어라 일은 내가 하고 수입은 나라가 더 많이 가져갔다.

대전에서 일하는 사이 용인 수지에 있는 700평 땅이 상업지구로 용도가 바뀌고, 도로가 20m, 15m 코너로 지정됐다. 도로로 지정된 곳은 집 지을 때 기부채납 형식이었다. 그래서 거기에 점포 15칸을 쭈루룩 일자로 상가를 지었다. 처음 임대 줄 때 한 칸에 50만 원씩 받았다. 자리가 좋아서인지 짓는 중에 임대가 모두 됐다. 한 달 임대료만 1억씩 들어왔다. 돈은 쌓여도 만 원을 쓸 때는 한참 생각해서 썼고, 아내도 헛돈은 안 쓰는 사람이었지만 그때도 생활비를 아주 조금밖에 안 준 것 같다. 그래도 불평 한 번 없이 잘 따라와준 아내가 나보다 더 대단한 사람이란 생각이다.

시간이 지나니 대전에서 서울을 왔다 갔다 하기가 좀 힘들었다. 그래서 주류도매업도 성남에서 주류도매업하는 사람에게 법인을 물려줬고, 서울 반포아파트도 팔고, 서울터미널부터 있는 상가도 정리하고 대전 유성에 충대 앞 토지를 샀다. 1,250평을 사고, 얼마 후 대전시에서 토지구획정리사업을 해서 두 필지를 받았다. 한 필지는 팔아서 들어간 돈을 찾고, 한 필지 368평은 지하 1층, 지상 3층 상가를 지었다. 50m, 15m, 15m, ㄷ자 코너 각지로 받았다. 대전 유성에 부동산업자들은 나를 '코너 각지'라고 불렀다. 놀러 가면 "코너 각지 왔어요?" 이렇게 불렀다. 20대에는 '간수보다 짠 사람'이라 불리더니…

내 신조는 적은 금액은 여러 번 생각해서 쓰고, 큰돈 들어갈 일이 생기면 과감하게 쓰는 것이다. 그 말은 절약하며 살되 투자는 과감하게 하라는 것이다. 지금도 그 신조는 머릿속에 박혀 있다.

# 천억의 사나이가 되다

　2003년, 노무현 정부가 들어서면서 1가구 1주택을 제외한 나머지 주택에 대한 양도소득세가 중과되고, 재산세도 두 배로 올린다는 발표를 하였다. 나는 과감하게 서울, 수지, 분당에 소유한 아파트 5채를 매매했다. 아파트를 팔아 뉴질랜드에 투자 이민을 신청하며 2004년에 25억 원을 송금하고, 논산에 4,000평의 토지를 구입했다. 그뿐만 아니라 삼성생명 20,000주와 삼성 SDS 주식 50,000주를 2003년 1월부터 꾸준히 사두었다. 나는 몸으로 움직이며 돈을 번 사람이었기에 주식엔 초짜였다. 그때는 비상장주식이 뭔지도 모르는 채 계속해서 주식을 사모았다. 요즘 젊은이들은 아이들에게도 주식교육을 시킨다는 말을 들었는데 참 현명한 부모다.
　내가 부동산으로, 사업으로 큰돈을 벌면서 진짜 부자들과의 교류가 많아지기 시작했다. 그 사람들은 내가 살던 세상과는 아주

달랐고, 50대의 내 삶에 큰 변화를 가져오게 하였다. 유성에서 유지로 이름 꽤나 날리는 사람들이 있었는데 내가 아는 지인이 거기를 드나들길래 나도 한 번 가보자 하곤 그 그룹에 함께 끼게 되었다. 나는 특유의 붙임성으로 돈이 많은 사람에겐 무조건 '회장님', 그리고 나이가 많은 사람들에겐 '형님'이라 부르며 금세 가까워졌다. 그들은 그렇게 돈이 많아도 식사 후엔 각자 계산하는 더치페이 방식을 고수했다. 나는 그들의 사무실로 자주 놀러 다녔다. 점심도 가끔 사주고 그러다 보니 나와는 비교도 안 되는 분들이지만 나를 조 회장이라고 호칭해주었다. 그때 그분들은 거의 모두 미국으로 자식들을 공부시키고, 이미 미국 영주권을 거의 다 가지고 계셨다. 나도 아들이 있는 뉴질랜드에 투자 이민을 준비하고 있었던 때였다.

그 당시 나는 그 사람들의 투자 성향을 알고 싶어서 이런저런 것들을 많이 물어봤다. 그분들은 유성 요지에 땅을 수천 평씩 가지고 있었고, 나와는 스케일이 달랐다. 그분들의 이론은 '호박이 한 번 굴러가면 몇 미터를 가고, 참깨가 한 번 굴러가면 얼마나 가겠냐?'는 이론이었다. 그분들은 나와 띠동갑 차이가 나는 나이인데도 대학을 다 나온 사람들이었다. 중졸인 나는 그들의 세계가 부럽기도 하고 신기하기도 했다. 그들은 부모 때부터 부유했고, 유성 땅에서 농사를 지으며 살던 분들이 대다수였다.

어느 날, 그들 중 한 사람이 나에게 비상장주식을 사두라고 조언했다. 지금은 작고하셨지만 그 당시 유성에 '대온장'이라 하면 누구나 알 만큼 큰 부자였다.

"삼성이라는 회사는 망하지 않아. 삼성이 부도나면 대한민국이 부도나는 거야. 조 회장, 젊으니까 이 주식 사놓으면 빛을 볼 거야."

그의 말을 믿고 나는 삼성증권에 계좌를 개설하고 주식을 매입하기 시작했다. 삼성생명과 삼성SDS 주식은 많이 사고 싶어도 매일 조금씩 살 수밖에 없었다. 그걸 사고파는 사람, 즉 펀드매니저와 연결이 되어 그의 도움을 받기 시작했다. 그때는 돈도 있고 하니까 아주 괜찮았다. 삼성증권에 가서 계좌를 열면서 삼성생명에 온 가족 계좌를 모두 열어놨다. 그리고 전화해서 삼성 두 종류 주식 있을 때 연락해 달라 당부도 잊지 않았다. 며칠 있다가 100주 있다고 사라 하길래 내 삼성계좌를 가르쳐주고 입고됐다고 하면 돈을 넣어달라고 해서 그렇게 시작됐다.

며칠에 100주, 또 며칠에 300주, 많이 사고 싶다고 살 수 있는 것은 아니었다. 가만히 보니까 회사에서 우리 사주를 받은 사람들이 돈 급하면 파는 주식이었다. 그렇게 해서 2014년도까지 조금씩 모았다. 주식은 내가 돈을 벌었던 방식이 아니라 세계 경제의 흐름과 정치 상황 등 모든 것을 공부하며 투자하는 방식이라 나에겐 낯선 분야였다. 그러나 돈은 내가 몸으로 고생하며 벌던 것과는 다르게 분, 초 단위로 벌어들였다. 조금 불안하긴 했지만 돈 버는 재미가 컸다.

나는 뉴질랜드 투자 이민을 본격적으로 준비하기 시작했다. 일단 뉴질랜드 달러 300만 불 이상 투자금을 넣어야 한다는 조항이 있었다. 그래서 각종 서류를 준비하고, 잔고증명서를 만들고, 해외이주공사에 수수료 2,000만 원을 주고 수속을 맡겼다. 투자금은 서류심사 끝나면 보내는 거라 해서 가지고 있으면 세금을 많이 낼까봐 동생과 처제 통장으로 찢어서 보관하고 있었다. 일 년쯤 지난 후 송금하라는 연락이 왔다. 나는 맡겨놓은 돈을 찾아 송금했는데 이민 신청이 반려되었다. 이유는 잔고증명서의 통장번호와 송금한 통장번호가 달라서였다. 아들이 은행에 다닐 때 그때 350만 달러면 큰 빌딩을 하나 사고도 남을 돈이었다는데 자식도 어리고 나도 거기에는 무감각했던 게 늦은 후회다. 변호사를 선임해 소송했지만, 결과는 달라지지 않았다. 그래서 중학교 때 뉴질랜드로 가서 대학까지 마치고 결혼하고 자리 잡은 둘째아들이 투자 이민 대신 다시 부모초청 이민을 신청했다. 처음부터 다시 수속을 하는 것이라 이민 비자가 언제 나올지 모르기 때문에 나는 일단 한국으로 돌아왔다.

이민 신청이 허락되면 가려고 2차로 부동산을 좀 정리해서 가지고 들어가야겠다고 생각하고 재산 몇 개를 매각했다. 서울터미널 상가를 마지막으로 팔고, 수지 건물을 100억 받고 팔고, 아파트 하나 팔고, 내가 대전에 와서 처음 지은 건물 팔고, 유성에 파라다이스 호텔 팔고, 이것저것 팔았더니 현금으로 260억이었다. 그중 66억은 세금 내고 나머지 194억하고 뉴질랜드에 350만 달러, 한국에 재산이 거의 많이 남아 있는 데다 2006년 3월에 제일은행에 정기예금으로 넣어둔 돈도 있어서 2006년 3월에야 처음으로 내가 부자라는 느낌을 받았다. 16살 엿팔이 소년에서 1,000억이 넘는 재산을 갖고서야 부자라는 사실을 깨달은 것이다.

제4장

# 지금 와서 돌아본 나의 70년

...

"투자할 때 욕심을 버려라.
다른 사람들이 욕심을 부릴 때 두려워하고,
다른 사람들이 두려워할 때 욕심을 부려라."

워런 버핏

# 주식의 늪에서 발버둥치다

초청 이민 승인이 나오면 바로 들어가려고 기다리던 중, 2007년 7월 25일 아침은 내 생애 처음으로 좌절을 맛본 날이다. 나의 작은아버지의 전화였다.

"이렇게 주식시장이 좋은데 왜 돈을 은행에 넣어두고 있냐? 내가 사라는 종목만 사면 뉴질랜드 들어가기 전에 몇 십억 벌 수 있어."

주식에 일가견이 있던 작은아버지의 말이라 그날 나는 27,200원 하는 SK네트웍스 주식을 1만 주를 매입했다. 그 주식이 5만 원 하는 건데 내렸으니 무조건 사라는 것이었다. 잘하면 앉은 자리에서 두 배를 벌 수 있겠다는 생각이었다. 욕심이 화를 부른다는 진리를 나는 그때 깨닫지 못했다. 생각하는 대로 성공을 했던 나는 이번에도 성공을 의심치 않았다. 하지만 주가는 예상대로 오르지 않았다. 오히려 하루가 멀다 하고 떨어져 갔다. 바닥을 쳐버린 SK

네트웍스 주식을 버리지도 못하고 2024년 2월 14일까지 가지고 있었다. 언제까지고 가지고 있다가 1만 원만 되면 팔리라 다짐했다.

그렇게 실패를 맛본 나는 본전 생각에 2007년 7월 25일부터 주식에 빠져들어 갔다. 2014년까지 7년간 금호산업, 한진중공업홀딩스, 한진중공업, 대우건설, 대우조선, 대우 인터내이션, 현대증권, 대우증권, 은행주 등 2007년 당시 제일 좋다던 주식만 샀다. 뉴질랜드에 예치해 놓은 350만 달러까지 아들한테 보내라 해서 팬오션 조선주에 다 넣었다. 주식도 모르는 내가 산 주식은 거의 오너놈들이 감방이나 검찰청에 불려 다니는 주식이었다. 미쳐있었던 것이다. 노름에 팔, 다리 잘리고 목숨 거는 사람들이 이런 심정이었으리라.

주식으로 인한 손실은 계속되었고, 손실을 만회하려다 더 큰 손실을 보았다. 고생하면서도 은행 돈 안 쓰며 안 먹고 번 돈을 그렇게 휴짓조각처럼 날렸으니 나는 제정신이 아니었다. 주식 투자를 하면서 한 가지 확실히 배운 것이 있다. 모니터를 계속 쳐다보고 있으면 반드시 돈을 잃게 된다는 것이다. 주식이 크게 하락해서 자살자가 나온다고 할 때 최고 일등 주식을 사서, 주식값이 크게 오른다고 할 때 즉시 파는 것이 주식 투자의 정석이라는 점을 깨달았다. 내가 가게를 싸게 사서 가장 장사가 잘 될 때 판 것처럼 말이다. 애널리스트들이 와서 떠드는 말은 하나도 믿을 것이 못 된다는 것은 주식으로 200억 넘게 잃은 사람이 한 말이다.

요즘 뉴질랜드에 살면서 조용히 내 인생을 되돌아보는 시간이 많다. 마치 파노라마처럼 지나가는 세월을 생각할 때마다 내 인생이 참으로 거추장스럽고, 스스로 자책하는 시간이 많아진다. 특히 2007년으로 돌아가 그때를 떠올리면 더욱 그렇다. 하루에 십억, 십억씩 주식에서 돈을 잃어갈 때는 마치 하루에 아파트 한 채씩 사라지는 것 같은 기분이었다. 그 시절 내 마음을 누가 알았겠는가? 아내는 알고 있을까? 자식들이 나를 이해했을까? 내가 뿌린 씨앗이니 내가 감당해야 한다고 생각했다. 그런 중에 뉴질랜드 초청이민 승인 소식을 들었다. 그렇게 기다리던 소식에도 마음이 움직이지 않았다. 내 눈에는 아무 의미도 없는 것처럼 보였다. 인생이 허망하게 무너지는 기분만 가득했기 때문이다. 평생 성실하게 살아왔는데 그 모든 것이 허무하게 느껴졌다.

그때부터 나는 아내에게 말했다.

"당신은 지금부터 쓰고 싶은 것 다 쓰고, 하고 싶은 것 다 하며 살아."

"이 양반, 죽을 때가 다 됐나? 마음이 변했나?"

하지만 아내가 곧 내 마음을 눈치채고는 말했다.

"그까짓 200억 없어도 있는 돈만으로도 잘 살 수 있으니 잊어버려요."

그 말에 마음 한편으로는 고맙기도 했지만, 나 스스로 죄책감이 가슴을 짓누르는 것은 어쩔 수 없었다. 본전을 찾겠다는 생각에 신용으로 50억까지 써서 주식 투자를 해보기도 했다. 그 많은 사업을 할 때도 빚을 지지 않던 내가 그때 50억의 신용을 써서 삼성전자와 현대모비스 주식을 샀다. 삼성전자를 32만 원에 사서 35만 원에 팔았다. 지금 와서 돌아보니 삼성전자 주식만 사서 그냥 묵혔어도 본전을 찾았을 것이라는 생각이 든다. 16살부터 50

중반까지 40년 가까이 바닥을 기며 번 돈을 주식으로 200억을 잃는 데 걸린 시간은 고작 7년이었다.

이 모든 경험은 내게 큰 교훈을 주었다. 돈은 쉽게 벌 수 있는 것이 아니고, 주식 투자에서 성공하는 것은 정말 어려운 일이라는 것을 말이다. 그저 남들이 좋다고 하는 말만 믿고 따라가는 것이 아니라, 스스로의 판단과 신념을 가지고 투자하는 것이 중요하다는 것을 배웠다. 인생은 한순간에 무너질 수도 있고, 그 속에서 다시 일어서는 것이 얼마나 힘든 일인지 알게 되었다. 주식 투자로 큰돈을 잃었던 경험은 내 인생에서 큰 상처로 남아 있지만, 동시에 그것이 나를 더욱더 단단하게 만든 것도 계기가 된 것도 사실이다.

# 욕심은 투자의 적이다

    2008년도에 나는 뉴질랜드 초청 이민으로 6개월씩 2년을 살게 되었다. 공주에 있는 건물 지하에서 호프집을 운영하던 세입자가 장사가 잘 되지 않아 나가겠다는 연락이 왔다. 나는 보증금을 빼주고 내가 직접 인테리어를 해서 게임방을 열었는데, 의외로 게임방이 장사가 잘 되었다. 약 2년쯤 지나니까 정부의 시책으로 인해 게임방을 더 이상 운영할 수 없게 되었고, 그 자리에 노래방을 인테리어 다시 해서 열었다.
    노래방도 장사가 잘 됐지만 곧 문제가 생겼다. 알바생이 신분증 검사를 했는데, 미성년자들이 타인 명의의 신분증을 들고 들어온 것이다. 그중 한 명이 파출소에 신고해서 경찰이 검문하러 들어왔다. 검문하는 사이 돈도 내지 않고 도망간 녀석들도 있었다. 위조 신분증을 들고 온 녀석은 훈방으로 끝났고, 알바생과 나는 각각 50만 원의 벌금을 물게 되었다.

그럭저럭 장사가 잘 되긴 했지만, 내 마음은 온통 주식에만 쏠려 있었다. 예전의 내가 아니었다. 하루종일 주식창만 쳐다보았고, 결국 내 주식은 거의 다 사라졌다. 한진중공업 주식을 70,000원에 샀는데 4,000원이 되었고, 금호산업 주식은 93,000원에 샀는데 5,000원이 되고 말았다. 그렇게 내 돈 194억과 뉴질랜드에 있던 350만 불, 총 223억이 완전히 사라졌다. 남들은 벌어보지도 못할 큰돈을 잃고서야 결국 정신을 차리고 2014년 초, 신용을 쓴 증권사에 빚과 남은 주식을 정산했다. 그동안의 주식 투자의 대가는 빚 1,900만 원이었다. 주식으로 진 빚 1,900만 원을 갚고, 나를 주식에 늪에 빠지게 한 통한의 SK네트웍스 주식 228,620주는 도저히 팔 수가 없어 2024년 최근까지도 가지고 있었다.

그렇게 마음고생을 하던 중, 몇 개월이 지나서 삼성SDS가 상장된다는 소문이 돌았다. 비상장주식이 주당 25만 원에 거래되었고, 나는 마음이 조급해져서 6,500주를 25만 원에 팔았다. 최고로 비싸게 산 금액이 14,000원이었는데, 그 차액으로 인해 22%의 양도세를 내야 했다. 상장하면 양도세를 내지 않아도 되는데, 6,500주를 팔아 양도소득세 3억 1천만 원을 내고 이틀 후 상장이 되자 나는 32만 원에 전량 매도했다. 최고 시세는 41만 원까지 올랐다.
  몇 개월 후 삼성생명이 상장되었다. 나는 주식을 10만 원씩 모두 매도했다. 불행인지 다행인지 나는 7년 만에 주식으로 잃은 돈 223억을 주식으로 200억을 다시 메꾸었다. 계산해보면 주식으로 본 금전적 손해는 23억 정도였지만 정신적인 손실은 계산할 수가 없다. 증권사 직원들은 7년 만에 거의 본전을 찾았다고 대단하다 했지만, 나는 그들과 셈법이 달랐다. 나는 2007년 7월 25일 이후로 즐거움이나 행복을 느낄 수 없었다. 항상 죄책감이 내 마음 한구석을 짓눌렀다. 누구를 원망하고 탓할 수도 없었다. 내 인생은 그날 이후로 자책감으로 가득했다. 아내와 자식들에게도 콩나물 한 번 맘 편히 못 사게 하고, 장난감 한 번 제대로 사주지 않으며 악착같이 손톱으로 바윗돌을 긁어모으듯 모은 돈이 하루아침에 사라진 것이다. 그것도 나의 욕심으로 말이다.

# 세법을 공부하라

　나는 사업을 하며 세무조사도 여러 번 당했고, 세금도 참 많이 냈다. 계산해보니 세금만 300억을 넘게 냈다. 돈을 벌려면, 사업을 하려면 세법은 공부하라고 조언해주고 싶다. 알면 억울한 세금을 피할 수 있다. 나는 열심히 일하고 열심히 나라에 뺏겼다.
　2016년 말쯤, 나는 뉴질랜드에서 아들과 함께 지내며 모든 것을 잊고자 했다. 호주 브리즈번으로 여행도 다녀오고, 앞으로는 아내와 여행이나 다니며 여유롭게 살 계획을 세웠다. 그런데 어느 날 아들이 말했다. 아직 나에게 남은 벌이 있었던가?
　"아버지, 국세청에서 자금출처 확인을 받아야 한다네요. 외국에 돈을 보냈어도 1년에 한 번씩 한국에 신고해야 한다는 법이 2013년에 생겼대요."
　나는 당황해서 인터넷을 찾아보았다. 해외 영주권을 받았더라도 183일 이상 한국에 거주하면 신고를 해야 하는 국제조세 조정

법이 있었다. 자금출처 확인을 받았어도 한국에 자산이 많으면 신고해야 했다. 나는 급히 회계사를 3천만 원에 계약하고 서류를 만들었고, 변호사 4명을 선임해서 재판을 시작했다. 경찰서, 검찰청, 법원 1심에서 대법원까지, 나는 뉴질랜드와 한국을 오가며 조사와 법정을 다녔다. 검찰에서 250억 미신고로 3억 원의 약식명령이 떨어졌지만, 나는 억울해서 이의 신청을 할까 말까 변호사들과 상의했다. 검사가 약식명령을 올리자 판사는 정식 재판을 청구했다. 참 이때부터 뭔가 꼬이기 시작한 것 같다. 2007년부터 내 인생은 참 힘들게 흘러왔는데, 하나님도 무심하셔서 나에게 이런 고통을 주시는구나 하는 생각이 들었다. 1심 재판에서 첫 대전이 고향인 여자 판사를 배정받았다.

내가 고시원과 독서실을 운영할 때, 우리 고시원에서 두 명의 사법고시 합격생이 나왔다. 그 사람들이 법원 앞에서 변호사 개업을 하고 있길래 찾아가서 이만저만하다고 이야기를 했다. 담당 판사가 충대 법대를 나온 여자인데, 그 여자 판사 학창시절 결혼까지 약속한 남자가 옆집에서 변호사를 한다는 소리를 들었다.

"그분을 선임해보세요."

찾아가 이야기했더니, 그 변호사는 말했다.

"율촌에 변호사님들을 4명이나 선임했으면 잘한 건데, 그분들이 하면 잘 답변할 건데 왜 저를 선임하려 하세요?"

나는 담당 판사에 대해 사실대로 말하자 그는 고백했다.

"사실 저는 사법고시 보기 이전까지는 그 여자 판사와 친구로 잘 지냈어요. 그 여자는 사법고시 먼저 되고, 저는 그 후 2년 있다가 고시 합격했어요. 그 중간에 헤어졌지요. 일단 선임한다면 얼굴이라도 비출게요."

그렇게 큰 기대를 걸고 그를 선임했는데, 선고날이 되자 법정에서 마주한 그 여자 판사의 얼굴이 아직도 생생히 기억난다. 판사는 내 서류를 보면서 피식 웃었다. 합의부 중 선임 판사였던 그 여자가 웃은 이유를 보니, 옛 남자 친구였던 그분이 갑자기 변호사로 선임됐으니 웃는 것 같았다. 그리고 내 차례가 되어 피고석에 서 있었다. 첫 마디가 가관이었다.

"돈도 많은데 벌금 좀 내셔도 되겠네요."

그 말에 나는 할 말을 잃었다. 내 사건은 총 5건이었다. 그중 한 건은 국세청에서 신청한 금액이 16억 원이었다. 판사는 나에게 말했다.

"16억 벌금을 8억으로 조정하는 건 많이 봐주는 거예요."

그 말을 들으며 변호사와 나는 기가 차서 말문이 막혔다. 그렇게 재판은 끝났고, 법정의 차가운 공기 속에서 나는 다시 한번 인생의 무게를 실감했다. 내가 아무리 발버둥쳐도 마치 끝없는 나락으로 떨어지는 것 같았다. 내 인생은 2007년 순간의 잘못된 선택 이후로 고통의 연속이었다. 한때 잘 나갔던 사업가였지만, 이제는 모든 것을 잃은 사람으로 법정에 서 있었다.

이렇게 내 인생은 2007년부터 계속해서 힘든 시기를 보냈다. 주식 투자로 큰돈을 잃었고, 다시 일어서는 것이 쉽지 않았다. 내 인생의 교훈은 분명했다. 돈은 쉽게 벌 수 있는 것도 아니고 주식 투자에서 성공하는 것은 정말 어려운 일이다. 주식 투자가 나쁘다는 것이 절대 아니다. 남들이 좋다고 하는 말을 믿고 따라가는 것이 아니라, 충분한 정보의 습득과 스스로의 판단, 욕심을 버리고 투자하는 것이 중요하다는 것이다. 인생은 한순간에 무너질 수도 있고, 그 속에서 다시 일어서는 것이 얼마나 힘든 일인지 알게 되었다.

# 처음은 미약하나
# 끝은 창대하리라

　나는 16살 엿을 팔기 시작해 72세가 된 지금 누구나 원하는 큰 부를 이루었다. 한국에 여러 개의 땅과 다가구 주택건물, 원룸 건물, 스타벅스 등 부동산은 현재 가치로 천억이 넘는다. 이곳 뉴질랜드에서도 부동산 투자는 계속하고 있다. 나의 원초적인 감과 아들의 나와 달리 신중하고 구체적이고, 체계적인 투자지식을 가지고 있다. 아들의 비상함이 크게 한몫을 하고 있다.

　진짜 원하는 부를 이루기 위해서는 '부자가 되는 법'이라던가, 이 책처럼 '천억을 버는 법' 등의 말이나 글로는 누구나 할 수 있지만, 실제로 실천하는 것은 어렵다. 도중에 포기하고 마는 이유이기도 하다. 하지만 지금 당장 적은 돈부터 모아보자. 2배의 법칙으로 1,000원을 2,000원으로 그리고 4,000원, 8,000원 그렇게 꾸준히 자산을 늘려 가보자. 젊어서 고생은 사서도 하라고 하지 않았는가. 젊었을 때는 창피나 자존심 모두 버리고 굽힐 때는 굽히며 종잣돈을 모을 때까지 최선을 다해 살아보라. 결혼했다면 부부가 서로 솔직하게 마음을 털어놓고 함께 잘 살아보자고 다짐해보라. 돈을 모을 때까지는 될 수 있으면 커피 한 잔도 아끼고, 종잣돈을 만들어라. 그리고 그 돈으로 신중하게 투자해보라. 내가 경험한 절약을 바탕으로 이룬 나의 자산을 보면 성경 구절 '처음은 미약하나 끝은 창대하리라'라는 말이 딱 맞는 것 같다. 16살에 객지로 나와 72살이 되기까지를 돌아보면 그 말이 딱 들어맞는다.

내가 겪은 고통과 실패가 부를 꿈꾸는 누군가에게 지침이 되기를 바란다. 나는 1,000억을 벌었지만, 세금으로 300억을 바치고, 주식으로 200억을 날렸다. 이제 내 나이 72세, 모든 것을 내려놓아야 할 때가 되었다. 젊은이여, 이 두서없는 나의 이야기는 결국 한 가지로 귀결된다. 젊어서 고생을 사서라도 하고, 사회의 흐름을 공부하며 최선을 다해 노력하라. 그렇게 해서 번 돈을 신중하지만, 과감히 투자하고, 무엇보다도 욕심을 버려라.

나는 큰돈을 벌었고, 실수도 하며 인생의 진정한 가치를 깨닫게 되었다. 지금은 모든 것을 내려놓고 아내와 함께 여유롭게 살고자 한다. 그렇지만 여전히 내 마음속에는 죄책감이 남아 있다. 나는 한동안 그 멍에를 벗지 못할 것이다. 돈이 아까워서가 아니라 한평생 가지고 살던 신념을 한순간의 욕심에 놓아버렸다는 자책이다. 그러나 앞으로는 더 나은 삶을 위해 남은 시간을 소중히 여기며 살아가려 한다. 젊은이들이여, 나의 이야기가 여러분의 인생에 작은 도움이 되기를 바란다.

# 가족은 최고의 비즈니스 파트너이다

사업으로 성공하거나, 큰돈을 벌기 위해 가장 중요한 것이 가족의 지지와 합심이다. 보통 남자들이 사업을 할 때 혼자 생각하고 결정하고, 혼자 모든 것을 감내하려는 경향이 있다. 그러나 혼자 할 수 있는 일은 하나도 없다. 쉽게 지치거나 포기하게 된다.

가족은 비즈니스에서 가장 믿음직한 파트너이다. 이 말은 단순한 이상론이 아니라, 많은 성공적인 기업들이 보여주듯 현실에서도 충분히 증명되고 있다. 그 이유는 가족 간에 형성된 신뢰와 지지, 그리고 협동이 비즈니스 성공에 있어서 매우 중요한 역할을 하기 때문이다. 내 경우는 아내가 가장 든든한 파트너이자 정신적인 지지자였다. 일하다 욱해서 화도 내고, 내 성질에 못 이겨 모진 말도 하곤 했지만, 곁에서 항상 지켜주고 내 편이 되어준 사람이다. 아내가 없었다면 지금의 나도 없다. 그리고 처제와 동생들의 힘도 비즈니스 성장에 큰 도움을 주었다.

가족은 오랜 시간 동안 서로에 대한 신뢰를 쌓아왔다. 이 신뢰는 그 어떤 비즈니스 관계에서도 찾아보기 힘든 깊이와 견고한 믿음이 깔려 있기 때문이다. 일반적인 비즈니스 파트너십에서는 서로의 이익을 위해 의심과 경계를 늦추지 않는 경우가 많지만, 가족 간의 관계에서는 이러한 불안감이 상대적으로 적다. 가족들이 서로를 이해하고, 함께하는 시간이 길어질수록 신뢰는 더 단단해진다. 이 신뢰는 비즈니스에서 필수적인 요소로, 함께 일할 때 불필요한 갈등을 줄이고, 공동의 목표를 향해 나아가는 데 중요한 역할을 한다.

가족이 가진 또 다른 강점은 서로의 능력과 성격을 깊이 이해하고 있다는 점이다. 가족 구성원들은 서로의 강점과 약점을 잘 알고 있기 때문에 자연스럽게 역할 분담이 이루어진다. 예를 들어, 누구는 숫자에 강하고, 누구는 창의적인 사고에 강할 수 있다. 이러한 특성을 바탕으로 각자의 능력을 최대한 발휘할 수 있는 환경을 만들 수 있다. 이는 단순한 역할 분담을 넘어서, 효율적인 협동으로 이어지며, 더 나은 결과를 창출하는 데 큰 도움이 된다. 비즈니스는 언제나 순탄하지 않다. 시장의 변화, 경제 상황의 악화, 내부적인 갈등 등 다양한 어려움이 닥칠 수 있다. 이럴 때 가족의 지지는 큰 힘이 된다. 가족은 어려운 순간에 서로를 버리지 않고 함께 이겨내기 위해 노력한다. 가족 간의 결속력은 어떤 위기 상황에서도 비즈니스를 유지하고 성장시키는 데 중요한 역할을 한다. 이처럼 가족의 지지는 비즈니스를 안정적으로 운영할 수 있는 기반이 된다.

또한, 가족 비즈니스는 장기적인 관점을 가지고 운영되는 경우가 많다. 단기적인 이익에만 집중하는 것이 아니라, 가족의 미래와 다음 세대를 위한 계획을 함께 고려한다. 이러한 장기적인 관점은 비즈니스의 지속 가능성을 높이는 데 큰 도움이 된다. 가족 기업은 단순히 한 세대의 성공으로 끝나는 것이 아니라, 다음 세대에까지 이어질 수 있는 가치를 만들어내려는 목표를 가지고 있다. 이는 사업의 지속 가능성을 보장하고, 더 큰 성장을 이루는 데 기여한다.

그러나 가족과 함께 비즈니스를 하는 것이 항상 쉽지만은 않다. 가족 간의 개인적인 감정이 비즈니스에 영향을 미칠 수 있고, 갈등이 발생했을 때 해결하기 어려운 경우도 있다. 동생네 부부가 싸워서 안 나오거나, 여러 가지 일들로 골치가 아프기도 하지만 이러한 어려움이 있을지라도, 가족 간의 신뢰와 이해, 그리고 협동이 있다면 그 어떤 도전도 극복할 수 있다. 가족은 비즈니스에서 가장 중요한 자산이자, 성공을 위한 가장 강력한 파트너가 될 수 있다. 내가 천억이라는 자산을 이루기까지 가족들도 함께 성장해 나갔다.

# 뉴질랜드에서
# 또 다른 삶을 배우다

　폭풍 같던 한국에서의 삶을 뒤로하고 난 아내와 둘째아들 내외가 있는 뉴질랜드에서 노후를 보내고 있다. 둘째는 부러울 것이 없이 자랐다. 큰아들처럼 아프게 키우지 않으려 아내와 나는 최선을 다했다. 나는 배움이 모자라 아이들을 좋은 교육환경 속에 키우고 싶었지만, 큰아이는 나의 무지와 가난으로 평생의 짐을 지게 했기에 둘째에겐 지원을 아끼지 않았다. 중학생 때 뉴질랜드로 유학을 보냈다. 어린아이가 부모가 없는 낯선 땅에서도 혼자 공부하고 열심히 잘 지내 고등학교, 대학교까지 뉴질랜드에서 마치고 어엿한 한 가정의 가장으로 커주어서 아이에게 고맙고 감사했다.
　아들은 대학 졸업 후 취업을 하고, 스스로 시민권까지 취득 후 우리 내외까지 초청해준 것이다. 어려서부터 혼자 살아 외로웠을 아이가 이제 어엿한 가장이 되었다. 며느리를 처음 보았을 때가 생각난다. 나는 눈이 높았다. 특히 며느리에 대한 기대치가 아주

커서 아들이 처음 사귀고 결혼하고 싶다고 한 여자는 우리 부부의 반대로 헤어지게 되었다. 아들에겐 많이 미안했지만, 우리 부부는 밝은 성격의 아가씨가 아들의 배우자로 오길 바랐다.

아들이 두 번째 소개한 아가씨는 아들처럼 중학교 때 뉴질랜드에 부모님과 함께 이민 와서 대학까지 마친 엘리트였다. 싹싹하고 예쁘게 웃는 모습이 우리 부부의 마음에도 쏙 들었고, 특히 똑 부러지고 자기 전문 분야에서 지식을 쌓은 모습이 내 맘에 흡족했다. 지금은 병원에서 의사로 일하고 있다. 직업도 좋고, 당당한 며느리의 모습이 참 이쁘다. 첫인상도 아주 고급스럽고 이뻐서 난 보자마자 팔불출 시아버지가 되어버렸다.

아들, 며느리와 함께한 뉴질랜드 생활도 3년이 됐다. 이민 가기 전에는 '내일 죽더라도 사과나무 한 그루 심고 죽겠다'는 마음으로 살았다. 그래서 그동안 내가 해온 일들에 대해 스스로 잘했다고 생각했다. 그런데 뉴질랜드에서 아들과 함께 살다 보니, '여태까지 내가 미련한 짓을 했구나'라는 생각이 들었다. 그 이유는 우리 아이가 돈에 구애받지 않고 자라서 그런지 돈 귀한 줄을 모른다는 것이다. 나는 악착같이 아끼면서도 자식 힘들까봐 IMF 때도 학비를 다 대줬고, 다른 유학생들이 다 돌아오는 상황에서도 계속 유학을 지속하게 지원했다. 아들은 지금 결혼해서 아이를 낳고 살면서도 1년에 두 번이나 해외여행을 다닌다. 하긴 요즘 젊은 사람들 중에는 전세금을 빼서 세계여행을 다녀오고, 다시 월세로 들어가는 경우도 있다는 말도 들었으니 내가 헛산 건지, 젊은이들이 막사는 건지 모르겠다.

예전에 내가 아이에게 "내가 이렇게 돈을 버는 이유는 너희들 고생시키지 않기 위해서다"라고 자주 말했었다. 그런데 그 말을 둘째 녀석이 잊어버리지도 않고 지금 써먹곤 한다.

"아버지, 그때 아버지가 고생은 내 대로 끝이다. 자식에게는 고생시키지 않겠다고 했잖아요. 제가 돈 좀 쓰면 어때요? 아버지가 벌고 있잖아요?"

허 참! 돈을 버는 사람과 쓰는 사람은 따로 있는 건가? 후회까지는 아니지만, 가끔 그런 생각이 들 때가 있다. 아들은 그런 내 맘을 눈치챘는지 웃으며 말한다.

"아버지, 제가 누굽니까? 조병원이 아들 아닙니까? 제가 벌어서 제가 쓸 겁니다. 그러니 아버지도 걱정하지 마세요."

사실 아들도 은행에서 높은 연봉 받으며 자리 잡았고, 며느리도 의사라서 여유롭게 벌고 있다. 아들 얘기를 들으니 괘씸하기도 하고 웃음도 나온다.

# 새로운
# 나의 인생 2막

    요즘 뉴질랜드에서 조용히 지내면서 내가 어떻게 살아왔는지를 자주 돌아보게 된다. 지나간 세월을 생각할 때마다 인생을 참 더럽게 살아왔다는 자책이 들곤 한다. 내가 살아온 방식이 과연 행복한 삶이었을까 하는 물음과 나의 행복의 기준이 과연 옳은 것이었을까 하는 의문이 들기 때문이다. 여기서 본 사람들은 그렇게 악착같이 살지 않아도, 돈이 좀 부족해도 내일이 아닌 지금 행복한 삶을 더 중요하게 생각하며 살아가고 있었다. 빨리 서두르지도 않고 천천히 걷는 삶의 여유를 즐기는 것이다. 그 모습이 왠지 부러웠다.

    나는 이곳에서 그동안 하고 싶었던 것들을 하나씩 해보기로 했다. 얼마 전 한국에 다녀오면서 앨범 2만 장을 사왔다. 음악을 좋아했던 나는 늦은 나이가 돼서야 음악에 심취해 살고 있다. 오디오도 최신형으로 장만했다. 아마 날 위해 쓴 돈은 이것이 처음이

지 않을까? 늦바람이 무섭다고 난 음악에 깊이 빠져들었다.

　드럼도 배우기 시작했다. 그리고 글도 쓴다. 내 삶을 돌아보며 기록을 했다. 이 시간이 너무나 행복하다. 아내도 이런 나를 보며 흐뭇해한다. 나는 여기서도 본능은 못 속이는지 아들과 틈틈이 부동산에 투자하며 아직도 자산을 불려가고 있다. 경제학과와 경영학을 전공한 아들이 있어서 나는 뒤로 한 발짝 물러나 예전만큼 몰두는 하지 않는다. 대신 중3 손녀딸과 초등학교 6학년인 손자가 있어 행복하다. 아이들은 둘 다 아주 똑똑하다. 손자는 이번 12월에 AI 코딩 올림피아드 국제대회에 뉴질랜드 대표로 참가하게 되었다. 가족과 함께 시간을 보내고, 아내와 둘이 여행도 가고, 아내랑 손을 잡고 걷고, 여유롭게 차를 마시고 늦잠을 자본다. 그런데 아직도 늦잠을 자기는 힘들다. 아직 세무조사에 대한 쇼크가 트라우마로 남아 있어 불면증이 왔다. 이것도 점점 이겨낼 것이다. 매일 똑같지만 소소하고 평화로운 느리게 가는 일상에 나도 점점 익숙해지고 있다.

**아내에게 보내는 편지**

내 사랑, 내 곁을 지켜준 당신에게,

세월이 참 빠르네요. 벌써 우리가 함께한 시간이 47년이 되었습니다. 공주 증주뱅이에서 처음 당신을 만났을 때, 그 작은 자취집에서 서로의 눈빛을 마주하며 쑥스럽게 인사를 나누던 그 순간이 아직도 생생합니다. 선을 보고, 약혼을 하고, 그렇게 짧은 4개월 만에 우리는 인생을 함께하기로 결심했지요. 그때는 모든 것이 서툴고 어리숙했지만, 당신과 함께라면 무엇이든 해낼 수 있을 거라는 믿음이 있었습니다.

지금 돌아보면, 그때의 나는 참 부족하고 모자란 점이 많았던 것 같습니다. 만약 그 시절로 다시 돌아갈 수만 있다면, 나는 더 성숙하고 현명한 남편으로서 당신을 아끼고 사랑했을 거예요. 당신에게 더 많은 행복을 안겨주고, 삶의 무게를 덜어주었을 겁니다. 하지만 지나간 시간은 되돌릴 수 없기에, 그저 미안한 마음이 큽니다. 당신이 겪었을 고생들이 생각날 때마다 가슴이 저립니다.

나는 다혈질에 고집도 세고, 때로는 당신을 힘들게 했던 그런 사람입니다. 하지만 그런 나를 늘 이해해주고 묵묵히 곁을 지켜준 사람은 당신이었어요. 당신 덕분에 내 인생이 이렇게나 빛날 수 있었다고 생각합니다. 당신이 아니었다면, 나는 아마도 여기까지 올 수 없었을 것입니다. 이제 70이 넘은 지금, 당신을 향한 사랑은 더 깊어졌습니다. 앞으로 남은 시간 동안, 당신의 마음에 상처를 주지 않고, 당신을 더 행복하게 만들어줄 수 있는 남편이 되겠습니다.

가끔 지나간 과거를 떠올리면, 주마등처럼 지나가는 많은 일들 속에서 당신의 모습이 자꾸만 떠오릅니다. 어떻게 하면 당신을 더 행복하게 해줄 수 있을까? 더 잘해줄 수 있을까? 하는 생각이 머릿속을 떠나지 않아요. 우리에게 힘들었던 시간들이 많았지만, 당신은 늘 내 곁에서 나를 응원해주었어요. 나는 그런 당신의 마음을 알아주지 못하고 오히려 절약만을 강조하며 당신을 힘들게 했던 것 같아 미안한 마음이 큽니다.

당신은 어린 시절, 배고픔을 모르고 자랐다고 했지요. 하지만 나는 가난한 집에서 태어나 그 시절의 어려움이 너무나도 컸습니다. 그래서 어쩔 수 없이 절약을 강조했고, 당신도 나와 함께 모진 고생을 많이 했습니다. 지금도 가끔 돈이 없으면 그 시절의 힘든 생활이 다시 올까봐 덜컥 겁이 나기도 하지만, 당신은 언제나 내가 조금 더 편하게 살기를 바라며, 비행기를 탈 때도 퍼스트 클래스를 타라고 해주었어요. 그런데도 나는 당신이 주는 작은 배려를 뒤로하고, 손주들에게 뭐라도 하나 더 해주고 싶은 마음에 퍼스트 클래스를 고집하지 못했습니다.

여보, 이제는 내가 더 성숙해져야겠다는 생각을 자주 합니다. 당신과 함께 더 많은 시간을 보내고, 자주 여행도 다니고, 당신이 늘 꿈꾸던 그런 삶을 함께 만들어 나가고 싶습니다. 당신에게 좋은 남편이 되도록 정성과 노력을 다할게요. 당신을 사랑하는 마음은 언제나 변함없으며, 앞으로도 그 사랑이 더욱 깊어지기만 할 것입니다.

사랑합니다.
나의 반려자, 나의 소중한 사람,
당신에게 감사와 사랑을 전합니다.

당신의 남편,
**조병원**